パタンナー金子俊雄の
本格メンズ服

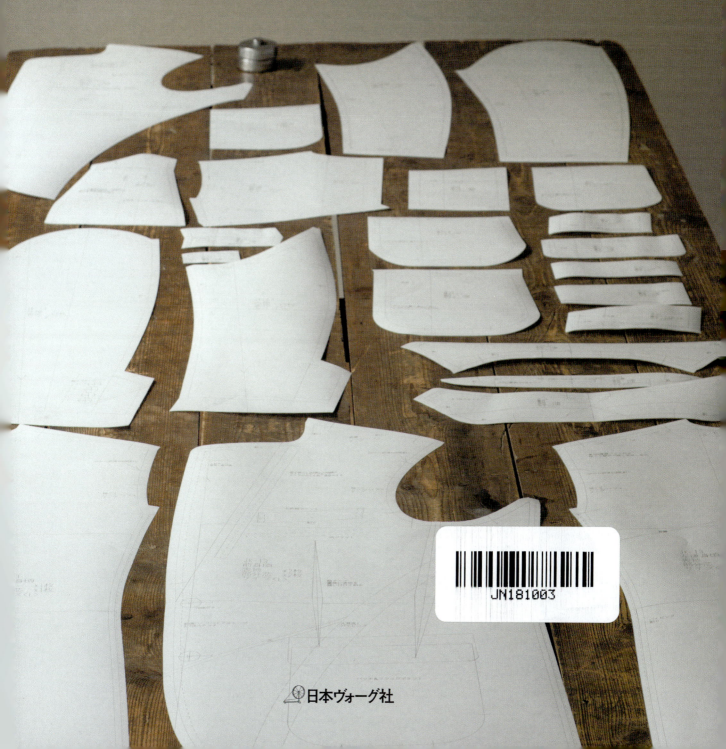

日本ヴォーグ社

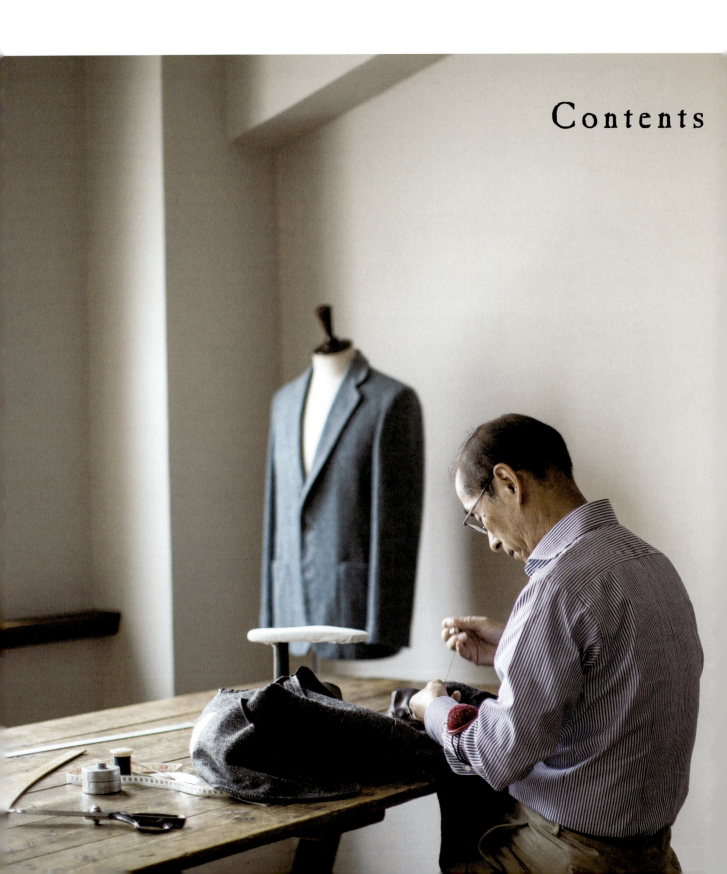

Contents

トップス

A. クレリックシャツ …………… P.4
B. ボタンダウンシャツ …………… P.6
C. ミリタリーシャツ …………… P.7
D. デニムシャツ …………… P.8
E. アウトドアシャツ …………… P.9
F. ボートネックカットソー …………… P.10
G. ポロシャツ …………… P.11

Point Lesson
クレリックシャツ …………… P.12

ボトムス

H. ドレスパンツ …………… P.16
I. チノパン …………… P.18
J. ジーンズ …………… P.20
K. スウェットパンツ …………… P.22

Lesson
ドレスパンツ …………… P.24

アウター

L. ウールジャケット …………… P.32
M. デニムジャケット …………… P.34
N. ニットジャケット …………… P.35
O. ダッフルコート …………… P.36
P. MA-1型ブルゾン …………… P.38
Q. ステンカラーコート …………… P.40

Lesson
ウールジャケット …………… P.42

アクセサリー

R. ネクタイ …………… P.58
S. トートバッグ …………… P.58
T. ワークエプロン …………… P.59
U. ニットトランクス …………… P.59

Lesson
ネクタイ …………… P.60

コラム
メンズ服の副資材 …………… P.23
How to make …………… P.62

HOT LINE ホットライン

この本に関するご質問は、お電話またはWebで

書名／パタンナー 金子俊雄の本格メンズ服
本のコード／NV70394
担当／加藤みゆ紀
Tel／03-3383-0765(平日13:00～17:00受付)
Webサイト／「手づくりタウン」https://www.tezukuritown.com/
※サイト内〈お問い合わせ〉からお入りください。(終日受付)

★本誌に掲載の作品を、複製して販売(店頭、ネットオークション等)
することは禁止されています。手作りを楽しむためにのみご利用ください。

Toshio Kaneko's
Men's clothes
TOPS

A. クレリックシャツ

1920年代のロンドンで流行したドレスシャツの中でも、特にドレッシーとされるクレリックシャツ。身頃と袖には色柄の布を使い、衿とカフスは白無地を合わせる、爽やかな印象のシャツです。

背ヨークは肩線に布目を合わせ、後ろ中心で縫い合わせる「スプリットヨーク」。元々は生地の用尺を少なくするため、このようなデザインになったそう。袖ぐりと脇の縫い代は、折り伏せ縫いで始末し、丈夫で見た目も美しく。脇裾にはガゼット(ガジェット)と呼ばれる当て布をつけ、補強をします。

How to make P.69

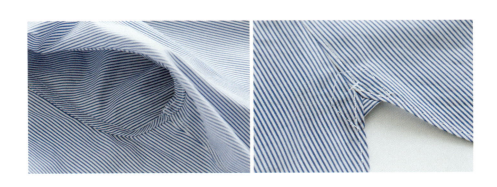

B. ボタンダウンシャツ

衿先のボタンの位置は、ネクタイを通した時のゆとり分を入れて決めると、留めた時に柔らかい丸みを作ることができます。後ろ身頃の中心にはタックをとり、動きやすく。ヨークと身頃の間にはループを挟んで仕立てます。このループは、ハンガーのなかった時代の名残で、現在はデザインとして取り入れられています。

How to make P.71

C. ミリタリーシャツ

ご存知の通り、元々は軍服として生まれたシャツ。両胸の大きなポケットと、肩章が特徴です。今回は、左胸のポケットにフラップ付きの小ポケットをプラスし、オリジナルデザインにしました。コットンツイルやヘリンボーンなどのしっかりした布地を使い、完成後に洗い加工をかけて風合いを出すのがおすすめです。

How to make P.72

D. デニムシャツ

ソフトデニムを使って作ったカジュアルシャツ。ステッチにはオフホワイトの糸を使用し、よりカジュアルに仕上げました。高瀬貝の白ボタンがアクセントに。左身頃の内側には携帯電話などを入れられる内ポケットを付けましたが、目立たないようにあえて布の裏面を表にして、ステッチは表地の色でほどこしました。

How to make P.74

E. アウトドアシャツ

赤×黒のバッファローチェックのシャツをご覧になったことのある方も多いのではないでしょうか。これは英国の山間部のハンターが、仲間と鹿の誤射防止のために、わざと目立つ色柄のシャツやジャケットを身に着けたのが始まりとされています。
ステッチ糸は30番を使用し、縫い目を粗めに仕上げることで、より雰囲気がある一枚に仕上がります。胸ポケットは、カジュアルのデザインなので柄合わせをせず、ラフに。

How to make P.75

F. ボートネックカットソー

上下に無地部分のあるパネルボーダーのニット地を使用したカジュアルなトップス。軽快な九分丈の袖は、身頃と柄合わせをして裁断します。後ろ身頃は見返しをつけて始末しますが、これは他のカットソー作品でも使える方法なので、覚えておくと良いでしょう。

How to make P.78

G. ポロシャツ

紳士のスポーツ、テニス用に開発されたポロシャツは、有名なテニスプレイヤーであるルネ・ラコステの考案したものだとか。今日では、カジュアルシーンの代表的アイテムです。作品のポロ衿と袖口には編み立てたものを使用していますが、手に入らない場合のために、ニット地で作れる方法も紹介しています。

How to make P.76

Point Lesson
A. クレリックシャツ
P.4

※材料、裁ち方図、でき上がりサイズ、部分説明以外の作り方は、P.69参照。
※ここではわかりやすいように、布の色を変え、目立つ色の糸を使用しています。

[剣ボロあき]

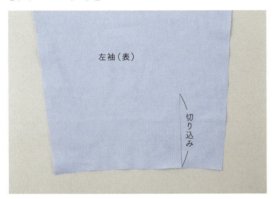

❶袖に切り込みを入れます。

❷下ボロに折り目をつけ、1cmの切り込みをつけます。

❸袖の切り込みに下ボロを中表に合わせて縫います。

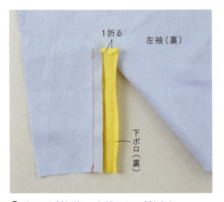

❹下ボロを折り返し、上端を1cm折ります。

❺袖の切り込みを下ボロでくるみます。

❻表側から下ボロにステッチをかけます。

❼剣ボロに折り目をつけ、1cm切り込みを入れます。

❽上端の縫い代を折ります。

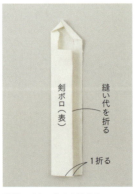

❾端の縫い代を折ります。

❿上端の縫い代を折ったまま、袖の切り込みと剣ボロを中表に合わせて縫います。

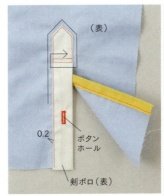

⓫⓾の縫い目で剣ボロを折り返します。

⓬剣ボロを❼の折り目で折り、裏側に折り返します。

⓭剣ボロの形を整え、表側から剣ボロにステッチをかけます。剣ボロにボタンホールを作ります。

[衿]

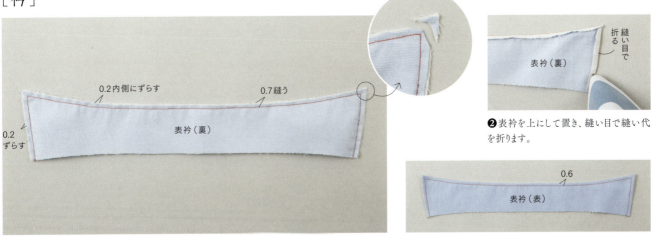

❶表衿と裏衿を中表に合わせ、表衿の周りを0.2cmずつ内側にずらします。しつけをかけてから周りを縫います。衿先の縫い代はカットします。

❷表衿を上にして置き、縫い目で縫い代を折ります。

❸衿を表に返し、形を整えて表衿側からステッチをかけます。

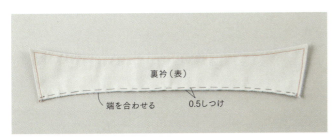

❹裏衿と表衿の端を合わせてしつけをかけます。❶でずらしたゆとりで、衿は反っています。

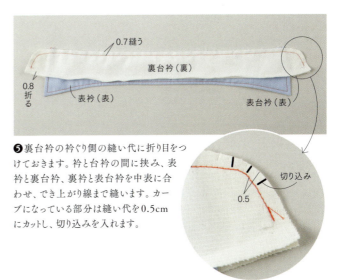

❺裏台衿の衿ぐり側の縫い代に折り目をつけておきます。衿と台衿の間に挟み、表衿と表台衿、裏衿と裏台衿を中表に合わせ、でき上がり線まで縫います。カーブになっている部分は縫い代を0.5cmにカットし、切り込みを入れます。

❻台衿の両端の縫い代は、縫い目で裏台衿側に折ります。

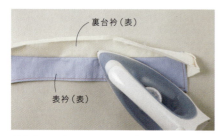

❼台衿をめくり、アイロンをかけます。

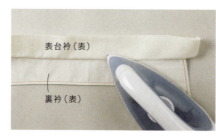

❽台衿を表に返してアイロンをかけ、形を整えます。

❾表台衿と前身頃・後ろヨークを中表に合わせてしつけをかけます。両端は縫い代をめくり、しつけをでき上がり線の角までかけます。

❿表台衿と前身頃・後ろヨークを縫い合わせます。

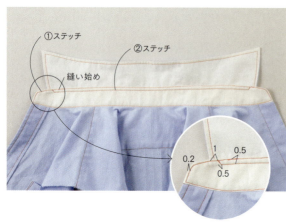

⓫縫い代は台衿側に倒し、上側にしつけをかけます。裏台衿の折り山を縫い目に0.2cmかぶせてマチ針を打ちます。

⓬しつけをかけてから、台衿の周りにステッチをかけます。ステッチは衿のかげになる位置から縫い始めます。衿つけ止まりから1cm内側に入ったところに、もう1本ステッチをかけます。

［袖つけ］

❶身頃と袖を中表に合わせ、でき上がり線を縫います。折り伏せ縫いにするので、縫い代の幅が違います。

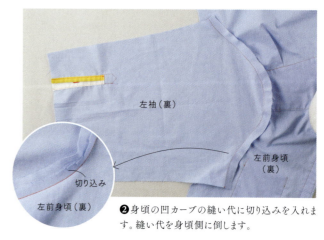

❷身頃の凹カーブの縫い代に切り込みを入れます。縫い代を身頃側に倒します。

❸袖の縫い代を身頃の縫い代端に合わせて折ります。

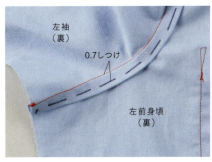

❹縫い代を身頃側に倒し、袖の縫い代で身頃の縫い代をくるむようにして、しつけをかけます。

❺表側からステッチをかけます。

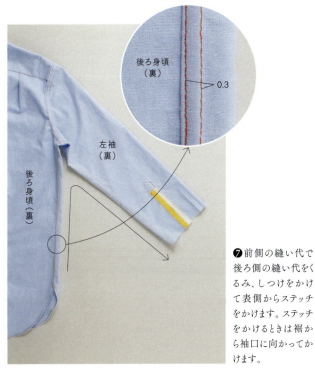

❻身頃と袖をそれぞれ中表に合わせ、でき上がり線を袖下から裾まで続けて縫います。

❼前側の縫い代で後ろ側の縫い代をくるみ、しつけをかけて表側からステッチをかけます。ステッチをかけるときは裾から袖口に向かってかけます。

[ガゼット]

❶ガゼットの縫い代を折ります。折り山の縫い代は切り込みを入れます。

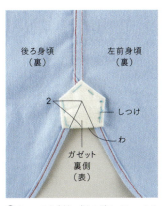

❷ガゼットを折り、裾の脇にガゼットを合わせてしつけをかけます。

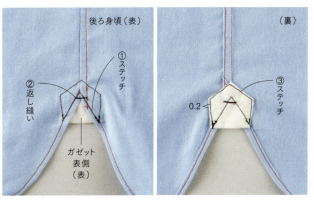

❸裾の縫い目に重ねてステッチをかけます。裾の山部分を返し縫で補強します。裏側からガゼットの周りにステッチをかけます。

Toshio Kaneko's
Men's clothes
BOTTOMS

H. ドレスパンツ

上品なスタイリングに欠かせない、ノータック・センタープレスのドレスパンツ。特に履き心地の良さにこだわってパターンを作りました。くせ取り工程（アイロンを使い、布を立体化する作業）や、膝裏、マーベルトの腰裏もつけた、本格的なスラックスです。後ろパンツにはダーツを入れて立体的に。ちなみに、持ち出しから伸びる細長いパーツは「天狗」と呼ばれています。

How to make P.79

生地提供／山冨商店　ファスナー提供／YKKファスニングプロダクツ販売

I. チノパン

チノクロスという綿の綾織り地を使用したパンツ。普段使いにも、オフィスカジュアルにも使いやすい、すっきりとしたシルエットに仕上げました。後ろパンツには縫いやすいパッチポケットをプラス。

How to make P.80

J. ジーンズ

5ポケットのストレートジーンズです。生地は耳に赤糸を織りこんだセルビッジ（赤耳）の14オンスデニムを使用しました。右ポケットの内側にはコインポケットもつけた本格派。後ろパンツはヨーク切り替えで、ヒップラインを立体的に。少し細身のスタイリッシュなシルエットです。ジーンズは厚手なので、糸は30番を使用します。

How to make P.84

生地・リベット・タックボタン提供／髙橋商店　ファスナー提供／YKKファスニングプロダクツ販売

K. スウェットパンツ

タウンユースでお洒落に着用できるよう、すっきりとした見え方にこだわりました。ネップの入った裏毛を使用し、ウエストと裾口にリブが付きます。生地の厚さを変えればオールシーズンに対応。

How to make P.83

コラム

メンズ服の副資材

本書の中では、テーラーが使うような副資材も使っています。
もし、本誌で紹介している資材が手に入りにくい場合は、
下記のような方法で代用してください。

マーベルト

腰裏と呼ばれるパーツです。中心部分に細いゴムが縫い込んであるものもあり、このゴムが滑り止めとなって、パンツからシャツが出てしまうのを防ぐことができます。

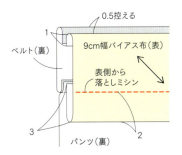

パンツ部分と共布か、ブロードなどの薄手の綿地を9cm幅にバイアスに裁断して作ります。長さは各サイズのマーベルトの長さを参照。裾側を3cm折り、表側から縫い目に落としミシンをして縫い止めます。ベルトループは落としミシンをかけたあと、上下をたこ付けでつけます。

インベル

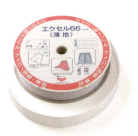

ベルトの内側にある硬い芯。ベルト芯・インサイドベルトとも呼ばれます。

硬めの接着芯をベルト布の全面に貼ります。その他は作り方の通りのままで作れます。

編み立て衿&袖口

ポロシャツの衿と袖口は、1枚で編み立てられた状態の（ポロシャツ用の）衿を使用しています。

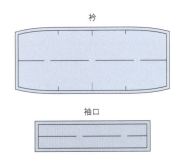

フライスニット地を使用し、衿と袖口を作ります。衿は、ニット地用の型紙を実物大型紙に掲載していますので、そちらを使用してください。作り方については、作り方ページの「フライスニットの場合」を参照してください。

Lesson
H. ドレスパンツ
P.16

実物大型紙　1面【H】

1前パンツ、2後ろパンツ、3見返し、4表持ち出し、5裏持ち出し、6タブ、7脇ポケット見返し、8脇ポケット袋布、9脇ポケット向う布、10後ろポケット袋布、11後ろポケット口布、12玉縁布、13後ろポケット向う布、14膝裏

※材料、裁ち方図、でき上がりサイズはP.79参照。
※ここではわかりやすいように、目立つ色の糸を使用しています。

1 くせ取りをする

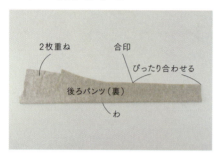

❶左右後ろパンツを重ねた状態で、裾からひざの合印まで端を合わせて二つ折りにします。膝下の折り目を延長して、膝から上も折ります。

❷右手を軸にして、左手で股端を持ち、脇線に合わせます。

❸最初にアイロンでスチームを当てます。股端から股ぐりに沿って、折り山の1cm手前までアイロンを滑らせて追い込みます。

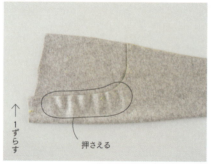

❹縫い代がすっきりしました。

❺上端の縫い代を1cm内側にずらします。股上の後ろ中心の縫い代に布が寄ってだぶつくので、アイロンで押さえます。

❻くせ取りができました。ヒップラインがカーブして立体的になっています。

2 膝裏をつける

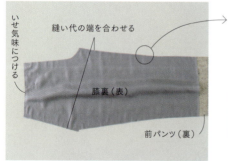

前パンツの縫い代にでんぷんのりを0.7cm幅に2cm間隔で、ヘラを使ってつけます。膝裏を前中心側から布端を合わせてアイロンを当てて貼りつけていきます。表地の動きについていけるように、膝裏の型紙は前パンツよりも幅が広いので、ウエスト側はいせ気味に貼ります。

3 後ろポケットをつける

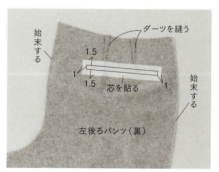

❶後ろパンツのダーツを縫い、中心側に倒します。ポケット口の周りに接着芯を貼ります。股上、股下、脇の縫い代を始末しておきます。

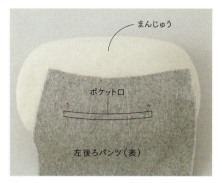

❷ポケット口をゆるいカーブに描き直します。

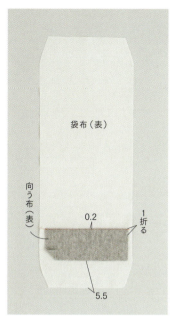

❸後ろポケット向う布の縫い代を折り、後ろポケット袋布に縫いつけます。

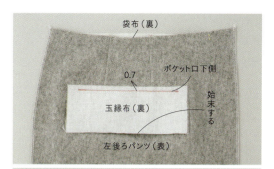

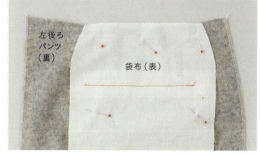

❹後ろパンツの裏側に後ろポケット袋布のポケット口を合わせて重ねます。玉縁布の端を始末し、後ろパンツと中表に合わせてポケット口の下側を縫い止めます。

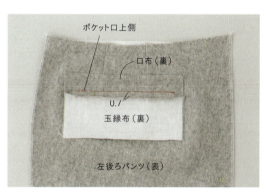

❺後ろパンツと後ろポケット口布を中表にし、玉縁布の縫い代をよけ、ポケット口上側を縫い止めます。

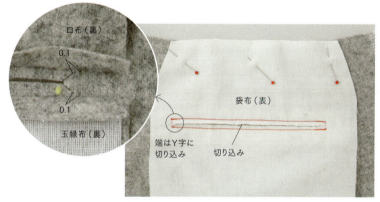

❻玉縁布と口布の縫い代をよけて、ポケット口の中心に切り込みを入れます。両端はY字に切り込みを入れます。

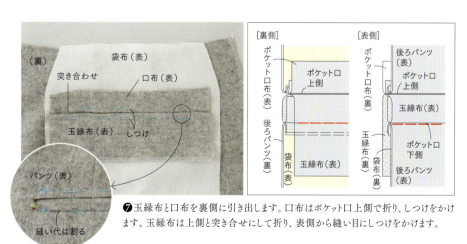

❼玉縁布と口布を裏側に引き出します。口布はポケット口上側で折り、しつけをかけます。玉縁布は上側と突き合せにして折り、表側から縫い目にしつけをかけます。

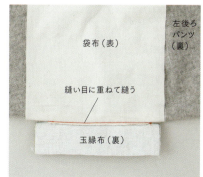

❽後ろパンツと後ろポケット袋布をよけ、❻の縫い目に重ねて縫って玉縁布を縫い止めます。

25

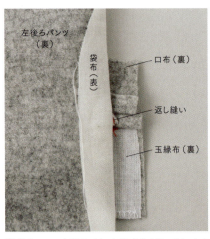

❾後ろパンツと後ろポケット袋布をよけ、ポケットの両端の三角部分を玉縁布に返し縫いで縫い止めます。反対側も同様に縫い止めます。

❿玉縁布の下端を後ろポケット袋布に縫いつけます。

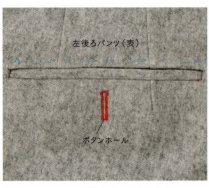

⓫後ろパンツから玉縁布まで重ねた状態で、ボタンホールをハトメ型で作ります。※ボタンホールは左後ろパンツのみ。

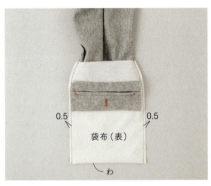

⓬後ろパンツをよけて、後ろポケット袋布を外表に二つ折りにして両脇を縫います。

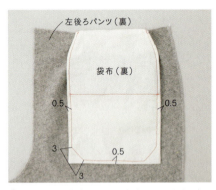

⓭後ろポケット袋布を返して中表にし、両脇と底を縫います。

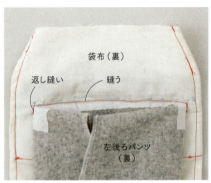

⓮⓭を表に返し、後ろパンツをよけて3辺を縫います。両脇は力がかかるので、何回か返し縫いをします。

4 脇ポケットを作る

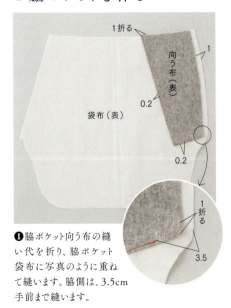

❶脇ポケット向う布の縫い代を折り、脇ポケット袋布に写真のように重ねて縫います。脇側は、3.5cm手前まで縫います。

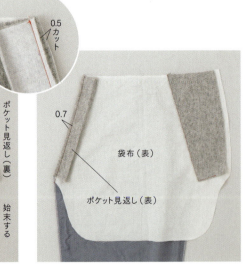

❷前パンツはポケット口とウエスト以外の縫い代を始末します。ポケット見返しは、縫い代を折っておきます。前パンツのポケット口に、脇ポケット袋布とポケット見返しを重ねて縫います。

❸縫い代を割ってから、ポケット見返しを裏側に倒し、ポケット口にステッチをかけます。

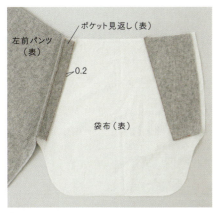
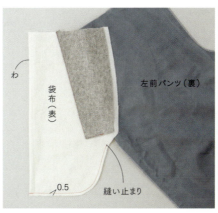

❹前パンツをよけ、ポケット見返しを脇ポケット袋布に縫いつけます。

❺脇ポケット袋布を外表に合わせ底を縫い止まりまで縫います。脇ポケット袋布を返して中表に合わせ、縫い止まりまで縫います。

5 前あきを縫う

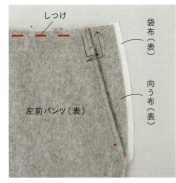

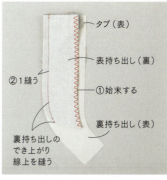

❻脇ポケットの形を整え、ウエスト側の縫い代にしつけをかけます。ステッチをポケット口上側のステッチ位置で返し縫いをしてコの字にかけます。

❶タブを中表に合わせて縫います。縫い代は1枚だけ0.5cmにカットします。

❷表に返し、ボタンホールを作ります。

❸表持ち出しは端を始末しておきます。表持ち出しと裏持ち出しを中表に合わせ、間にタブを挟んで縫います。カーブは、裏持ち出しのでき上がり線上を縫います。

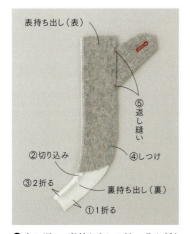
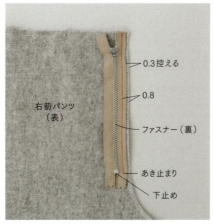

❹表に返し、裏持ち出しの縫い代を折ります。凹側は縫い代に切り込みを入れてから折ります。しつけをかけて、タブの上下を返し縫いでとめます。

❺右前パンツにファスナーを中表に合わせ、端から0.3cm控えてあき止まりまで縫います。ファスナーの下止めはあき止まりに合わせます。

❻右前パンツに表持ち出しを中表に合わせ、あき止まりまで縫います。

6 脇を縫う

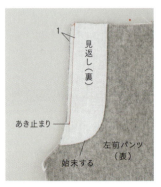

❼左前パンツと見返しを中表に合わせ、あき止まりまで縫います。

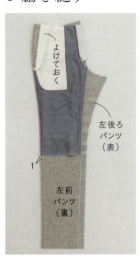

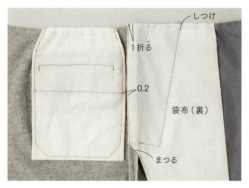

❶前パンツと後ろパンツを中表に合わせて縫います。脇ポケット袋布は縫わないようによけておきます。

❷脇の縫い代は割ります。脇ポケット袋布の縫い代を1cm折り、脇の縫い代端に重ねてステッチをかけます。下端は縫い代にまつります。後ろパンツは縫わないように注意しましょう。

7 ループを作る

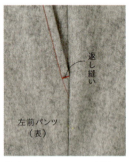

❸表からポケット口の下側のステッチ位置で返し縫いして補強します。

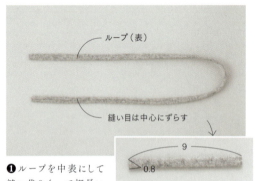

❶ループを中表にして縫い代0.4cmで細長い筒に縫い、表に返します。縫い目はアイロンで割り中心にずらします。カットして9cmのループを6本作ります。

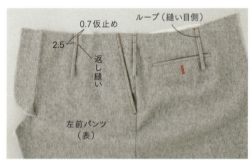

❷ループつけ位置にループを重ねて2か所縫い止めます。縫い目が上側にくるように重ねます。

8 ベルトをつける

❶右前パンツと表持ち出しの縫い代を右前パンツ側に倒し、しつけをかけます。

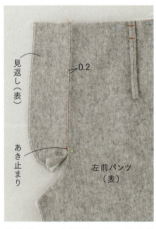

❷左前パンツと見返しの縫い代は見返し側に倒し、あき止まりまでステッチをかけます。

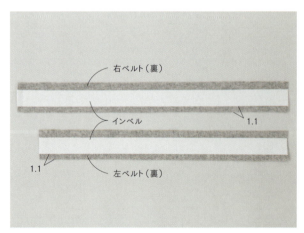

❸右ベルトと左ベルトの裏側にインベルを貼ります。

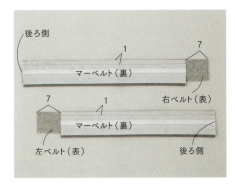
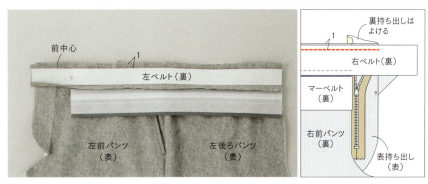

❹ベルトとマーベルトを中表に合わせて縫います。縫い代はマーベルト側に倒します。

❺ベルトとパンツを中表に合わせて縫います。左パンツは前中心で縫い止まります。右パンツは裏持ち出しをよけて、表持ち出しの端まで縫います。

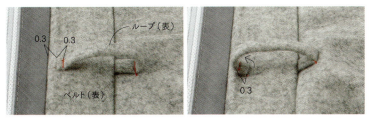

❻ベルトを起こします。ループを起こし、ベルトに端を縫い止めます。ループの端を隠すようにして内側から縫い止めます。

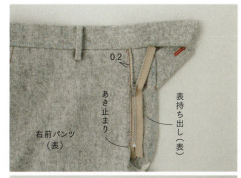

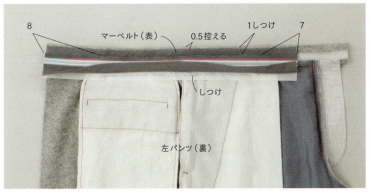

❼マーベルトを裏側に倒し、0.5cm控えます。マーベルトにしつけをかけます。マーベルトの下端をめくり、内側の芯とポケットをしつけで粗く縫い止めます。

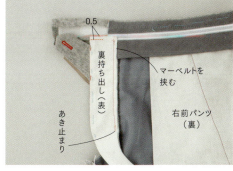

❽右前パンツの持ち出しの間にマーベルトを挟み、表からあき止まりまでステッチをかけます。裏持ち出しをベルトの縫い代に縫い止めます。

9 股下を縫う

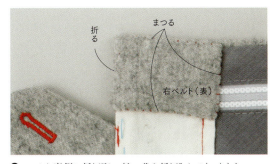

❾ベルトを裏側に折り返し、縫い代を折り込んでまつります。

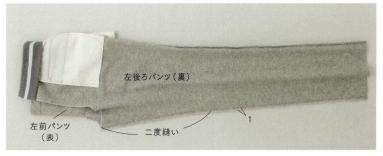

前パンツと後ろパンツを中表に合わせて股下を縫います。膝の合印から上は二度縫いします。縫い代は割ります。

10 股上を縫う　　11 前あきを仕上げる

左パンツを表に返し、右パンツの内側に入れて中表に合わせます。マーベルト端からあき止まりまで二度縫いします。縫い代は割ります。この縫い線の位置を調整してウエスト寸法を変えられます。

❶ファスナーを閉じて形を整え、右前パンツに左前パンツを0.5cm重ねます。ファスナーのテープをすくってマチ針でとめます。

❷ファスナーのテープを見返しにしつけでとめます。このとき前パンツは縫わないように注意。

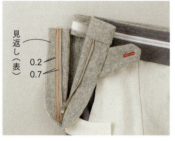

❸見返しにファスナーを縫いつけます。

❹再度ファスナーを閉じて持ち出しをよけ、表からステッチをかけて見返しを縫い止めます。ベルトをめくり、見返しと縫い止めます。

❺ベルトを裏側に折り、縫い代を折り込んでまつります。

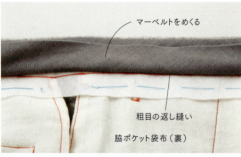

❻マーベルトをめくり、ベルトの芯とポケットを粗目の返し縫いで縫い止めます。

❼マーベルトの下端を後ろ中心の縫い代にまつります。

❽裏持ち出しの右側は縫い代を折り、端を合わせて星止めでとめます。左側の4cmは右側と同様に縫い代端を合わせて星止でとめます。カーブからあき止まりまでは、縫い代を折って縫い止める。

❾ 表からあき止まりに裏持ち出しまで通して返し縫いをします（かんぬき止め）。あき止まりから4cm程度のところで、表から見えないように表・裏持ち出しと見返しを重ねて縫い止めます。

12 靴ずれをつける

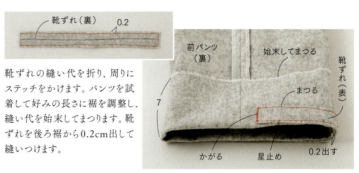

靴ずれの縫い代を折り、周りにステッチをかけます。パンツを試着して好みの長さに裾を調整し、縫い代を始末してまつります。靴ずれを後ろ裾から0.2cm出して縫いつけます。

13 仕上げアイロン

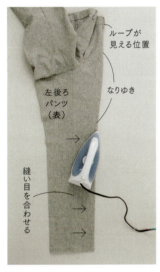
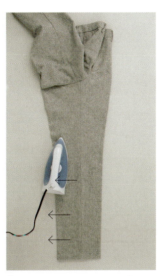
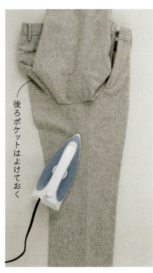

❶ 股下と脇の縫い目を裾から合わせ、ループが見える位置で形を整えて置きます。縫い目から前パンツ側に向かってアイロンをかけます。膝から上はなりゆきでかけます。❶～❹は当て布をしてアイロンをかけましょう。

❷ 縫い目がずれないように注意して、後ろ側はなりゆきでアイロンをかけます。

❸ 後ろポケットの袋布にアイロンをかけると表に当たりがでるので、よけてアイロンをかけます。

❹ 左パンツに仕上げアイロンをかけたところ。同様に右パンツにもアイロンをかけます。さらに、まんじゅうをつかって後ろポケット口や後ろ中心にもしっかりとアイロンをかけるときれいな仕上がりに。

14 前カンとボタンをつける

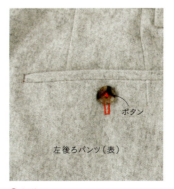

❶ 左ベルトの端から0.5cm内側に前カンの鍵側をつけます。右ベルトに前カンの受け側をつけます。ファスナーをとじたときに鍵の山があたる位置につけます。左パンツの内側にボタンをつけます。ファスナーと前カンをとめて、ボタンの位置を決めます。

❷ 左後ろパンツのポケット口にボタンをつけます。

完成

L. ウールジャケット

ツイードの王様とも呼ばれる英国の伝統生地「ハリスツイード」で作ったテーラードジャケット。トラディショナルなヘリンボーン柄は、流行に左右されることなく長く愛用できます。既製服の本格的なテーラードジャケットは、200もの工程を経て完成しますが、この本ではホームソーイングでも作れるよう、できる限り工程数を減らして作りました。
見返しには、左右ともに内ポケットをつけて。裏地は、背中までの背裏仕立てです。縫い代の端は、裏地で作ったバイアステープで丁寧にパイピング始末を施しましょう。袖は全面裏地です。

How to make P.86

M. デニムジャケット

一枚仕立てのカジュアルジャケット。比較的簡単に作れる一枚です。一枚仕立てなので、センターベントの作り方はウールジャケットと変えています。後ろ中心は、左右で裁断位置が違うので注意して裁断しましょう。涼しげなリネンデニムを使って作り、完成後に洗い加工をかけてシワ感を出しています。

How to make P.87

生地提供／fabric bird　ボタン提供／ティーエージー

N. ニットジャケット

ニット素材の柔らかな風合いを活かした、ソフトな着心地が魅力です。布の風合いを際立たせるため、ミシンステッチをかけていません。ポケットは、裏地側をミシンで縫い、表地は手まつりで縫いつけています。身頃の裏に力ボタンをつけていますが、これは生地が傷んだり、ボタン付け糸が緩んでしまうのを防止するためです。

How to make P.88

O. ダッフルコート

厚手のウールメルトンを使用して、一枚仕立てで作りました。中に厚着をしても窮屈にならないよう、少しゆとりを持ったサイズ感にしてあります。フードは、後ろから見た時に形がきれいに見えるようにこだわった自慢のカッティング。前後2枚のパーツで仕立てましょう。ONにもOFFにも着て欲しいコートです。

How to make P.89

P. MA-1型ブルゾン

パイロット御用達で有名な、フライトジャケットです。表地と裏地の間にドミット芯を入れ、衿・裾・袖口にリブニットをつけることで保温性をグンと高めます。通常ステッチを掛ける時は、伸ばし気味に掛けて、パッカリング（縫い縮みによるツレ）が出ないようにしますが、MA-1は、あえてこのパッカリングが出るようにすることで、より「らしさ」が出ます。パターンも、この縮み分を計算して作ってありますので、ぜひ意識してステッチしてみてください。

How to make P.92

Q.
ステンカラーコート

膝上丈で、軽快なビジネスシーンにぴったりのステンカラーコート。すっきりと見えるよう、適度なフィット感があるスマートなラインに仕上げています。左身頃の一番上のボタンホールは、折り返した時にきれいに見えるよう見返し側から縫うのがポイント。裏衿には、防風用の少し大きめのタブを収納できるようボタンをつけています。

How to make P.96

Lesson
L. ウールジャケット
P.32

実物大型紙　3面【L】

1前身頃、2後ろ身頃、3見返し、4外袖、5内袖、6表衿、7衿腰、8裏衿、9表腰ポケット、10裏腰ポケット、11内ポケット玉縁布、12内ポケット袋布、13背裏、14裏外袖、15裏内袖、16裏ベント、17フラップ、18内ポケット向う布、19胸ポケット口布、20胸ポケット向う布、21胸ポケット袋布

※材料、裁ち方図、でき上がりサイズはP.86参照。
※ここではわかりやすいように、布の色を変え、目立つ色の糸を使用しています。

1 後ろ身頃のくせ取り

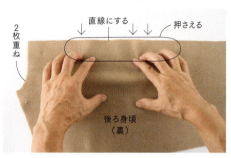

❶ 後ろ身頃を中表にして2枚重ねます。後ろ中心のふくらみを直線にするように形を整え、アイロンを当てて押さえます。アイロンは最初にスチームをさっと当て、ドライで押さえます。

❷ 肩を0.5cm下げ、アイロンで押さえます。これで、肩甲骨部分が立体的になりました。

2 後ろ身頃のベントを縫う

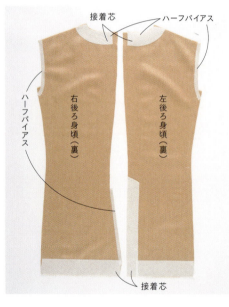

❶ 後ろ身頃に接着芯とハーフバイアステープを貼ります。

❷ 裾は、でき上がり線に折っておきます。後ろ身頃を中表に合わせ、衿ぐりからベント止まりまで縫います。

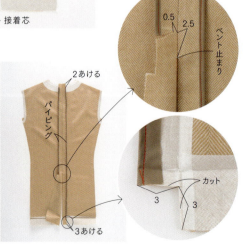

❸ ベント止まりまで縫い代を割ります。右後ろ身頃は切り込みを入れ、縫い代はパイピング始末をします。左後ろ身頃の縫い代は、端はあけて衿ぐりから裾までパイピング始末し、内側に入る分をカットします。

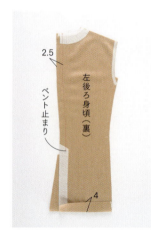

❹ 裏ベントの上端の縫い代を折ります。右後ろ身頃の縫い代に裏ベントを重ね、身頃の縫い代の段差部分から裏ベントの裾まで縫います。縫い代は裏ベント側に折ります。

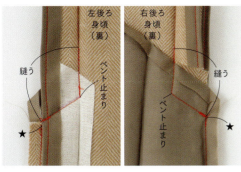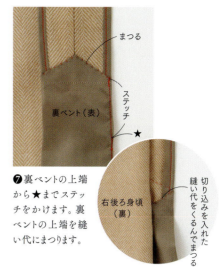

❺ 左右後ろ身頃の縫い代を開き、裏ベントの上端からベント止まり、そして身頃の縫い代の段差まで3枚一緒に縫います。

❻ 後ろ中心の縫い代を❸の切り込みまで割り、切り込みから裾は左身頃側に倒します。右後ろ身頃の縫い代を裏ベントの内側に折り込み、裏ベントの上端から★までしつけをかけます。裏ベントの裾から★までステッチをかけます。

❼ 裏ベントの上端から★までステッチをかけます。裏ベントの上端を縫い代にまつります。

3 前身頃のダーツを縫う

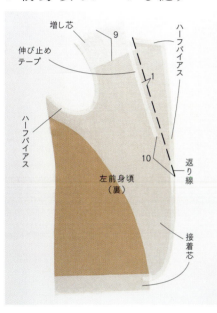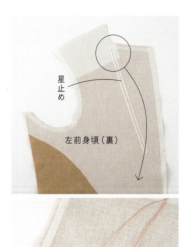

❶ 前身頃に接着芯を貼り、肩部分は接着芯を重ね貼りして増し芯をします。ラペルから前端までと袖ぐりの縫い代にハーフバイアステープを貼ります。返り線の1cm奥に伸び止めテープを貼ります。返り線のテープは引き気味に貼ります。

❷ 返り線の伸び止めテープの中心を星止めします。星止めは、身頃の織り糸を1本すくってとめます。

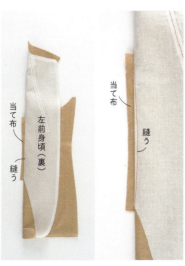

❸ 前中心側のダーツは細くて倒しにくいため、身頃と共布で当て布を用意します。

❹ ダーツの下に当て布を敷き、ダーツを当て布ごと縫います。

❺ 脇側のダーツは当て布をせず縫います。

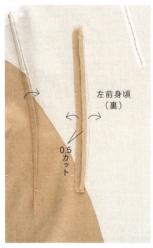

❻中心側のダーツは、前端側が伸びないように重しを置き、ダーツを前中心側、当て布を脇側に倒します。当て布1枚を0.5cmカットします。脇側のダーツは重しを外して、前中心側に倒します。

4 前身頃に腰ポケットを作る

❶表・裏腰ポケットをそれぞれでき上がりに折り目をつけておきます。縫い代を開き、表・裏腰ポケットを中表に合わせて上辺を縫います。縫い代は裏腰ポケット側に倒します。

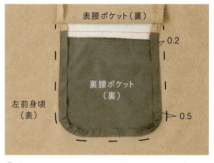

❷表腰ポケットをポケット口で折り、形を整えてポケット口にステッチをかけます。

❸裏腰ポケットをポケットつけ位置の0.5cm内側に縫いつけます。

❹表腰ポケットをポケットつけ位置に縫いつけます。表腰ポケットの縁をまつります。

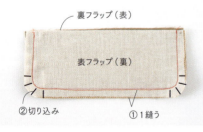

❺表・裏フラップを中表に合わせて縫います。カーブになった縫い代は切り込みを入れます。

❻表に返し、周りにステッチをかけます。

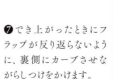

❼でき上がったときにフラップが反り返らないように、裏側にカーブさせながらしつけをかけます。

5 胸ポケットを作る
（左身頃のみ）

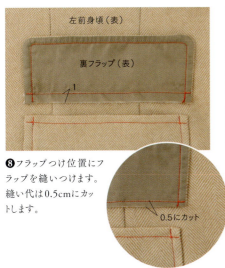

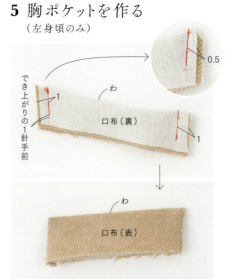

❽フラップつけ位置にフラップを縫いつけます。縫い代は0.5cmにカットします。

❾フラップを折り返し、ステッチをかけます。

❶胸ポケット口布を中表に折り、両端をでき上がりの1針手前まで縫います。縫い代を0.5cmにカットし、角は斜めにカットします。表に返して形を整えます。

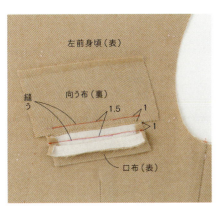
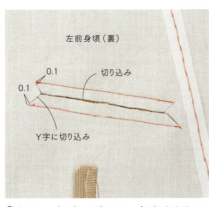
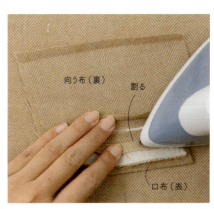

❷ポケットつけ位置の下側のでき上がり線に合わせて胸ポケット口布を縫いつけます。胸ポケット向う布を向う布つけ位置に縫いつけます。

❸胸ポケット向う布、口布をよけ、身頃に切り込みを入れます。両端はY字に切り込みを入れます。

❹身頃と胸ポケット口布の縫い代を割ります。

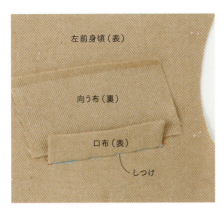
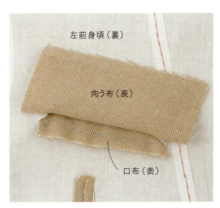
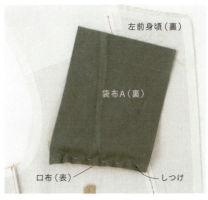

❺胸ポケット口布を起こし、縫い代を身頃の裏側に出して縫い目の間にしつけをかけます。

❻胸ポケット向う布を身頃の裏側に出します。

❼胸ポケット袋布Aを口布の縫い代と身頃の切り込みの縫い代に重ね、しつけをかけます。

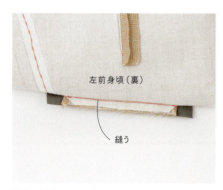

❽身頃の切り込み側から、切り込みの縫い代、胸ポケット口布の縫い代、袋布Aを❷の縫い目に重ねて縫います。

❾胸ポケット袋布A、向う布を下側に倒します。

❿胸ポケット袋布Bを重ね、表側から切り込みの内側にステッチをかけます。

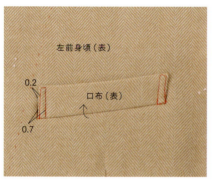

⓫胸ポケット口布を起こし、両脇にコの字にステッチをかけます。

⓬胸ポケット向う布の下端の縫い代を折り、袋布Bに重ねてステッチをかけます。

⓭胸ポケット袋布2枚を中表に合わせ、周りを2本縫います。胸ポケット袋布の縫い代をダーツにしつけ糸で縫い止めます。

6 見返しに内ポケットを作る

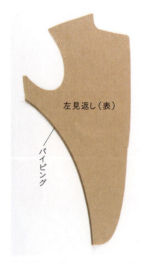
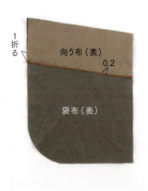

❶見返しの端をパイピングで始末します。（P.65参照）

❷内ポケット向う布の下端の縫い代を折り、内ポケット袋布に重ねて縫います。

❸見返しの下にもう1枚の内ポケット袋布を重ね、ポケット口の下側のでき上がり線に内ポケット玉縁布、上側に❷の袋布を合わせて縫います。玉縁布の下端の縫い代は折り目をつけておきます。

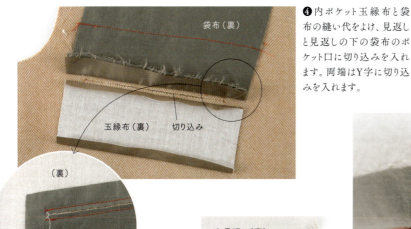

❹内ポケット玉縁布と袋布の縫い代をよけ、見返しと見返しの下の袋布のポケット口に切り込みを入れます。両端はY字に切り込みを入れます。

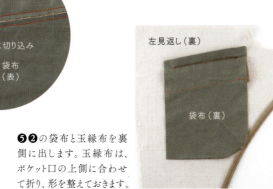

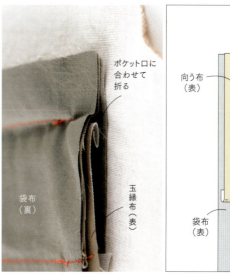

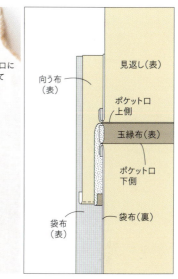

❺❷の袋布と玉縁布を裏側に出します。玉縁布は、ポケット口の上側に合わせて折り、形を整えておきます。

❻5-8のように、玉縁布と見返しの切り込み、袋布の縫い代を縫い合わせます。

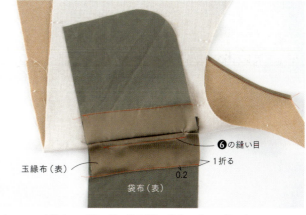

❼内ポケット玉縁布の下端の縫い代を折り、袋布に重ねて縫います。

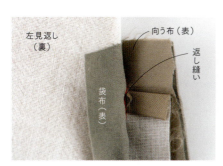

❽切り込みの両端の三角部分を返し縫いで縫います。

❾袋布を中表に合わせて周りを縫い、縫い代を始末します。

❿内ポケットができました。右見返しにも同様に内ポケットを作ります。

7 前身頃に見返しをつける

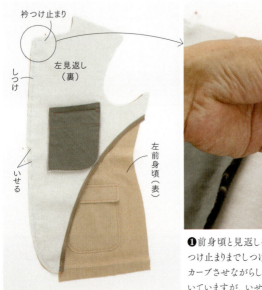

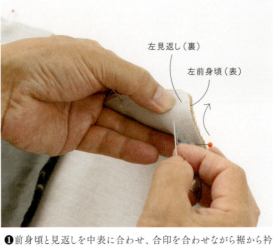

❶前身頃と見返しを中表に合わせ、合印を合わせながら裾から衿つけ止まりまでしつけをかけます。ラペルの先は、身頃側に指を置き、カーブさせながらしつけをかけます。返り止まりは縫い代に段差がついていますが、いせ込みます。

❷でき上がり線で縫い合わせます。

❸前身頃の縫い代を衿つけ止まりから、裾の段差までカットし、縫い代は表に返しやすいように割ります。

❹表に返します。返り止まりから裾は見返しを控え、返り止まりから衿ぐり側は身頃を控えます。

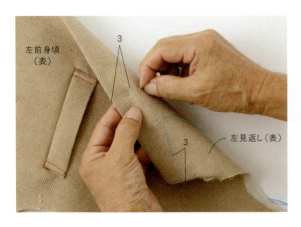

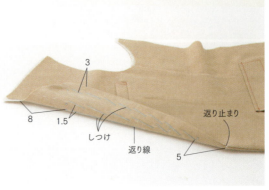

❺ラペルを返り線で折り、端から3cmのところに斜めじつけをかけます。返り線と返り線からラペル側に1.5cmのところにもしつけをかけます。

8 肩を縫う

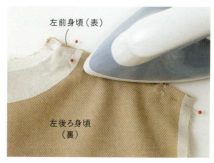

❻裾をでき上がりに折り、平らに置いた状態で前端にしつけをかけます。前端が反り返らないように、裏側に折った状態で端から3cm内側に斜めじつけをかけます。

❼内ポケットの縫い代を身頃のダーツにしつけ糸で縫い止めます。

❶前身頃と後ろ身頃を中表に合わせ、両端と合印にマチ針を打ちます。後ろ身頃のでき上がり線にアイロンを当て、いせ分を押さえます。

9 肩パッドをつける

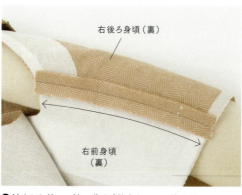
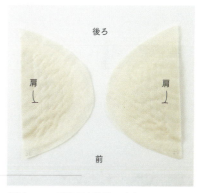

❷両肩を縫います。

❸袖まんを使い、縫い代を割ります。いせ分がはいっているので、若干凸カーブになるように整えます。

❶肩パッドの肩位置と前後を確認しておきます。

10 脇を縫う

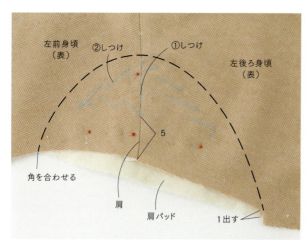
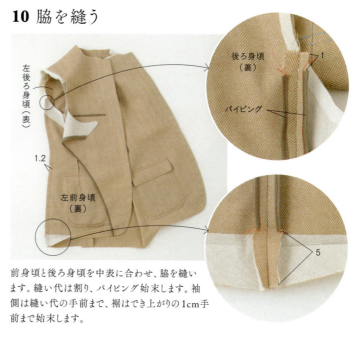

❷まず肩パッドと身頃の肩位置を合わせ、次に肩パッドの前後を合わせます。前側は角を縫い代端に合わせ、後ろ側は角を縫い代から1cmはみ出してつけます。肩の縫い目、肩パッドの周りの順にしつけをかけます。

前身頃と後ろ身頃を中表に合わせ、脇を縫います。縫い代は割り、パイピング始末します。袖側は縫い代の手前まで、裾はでき上がりの1cm手前まで始末します。

11 裾を始末する

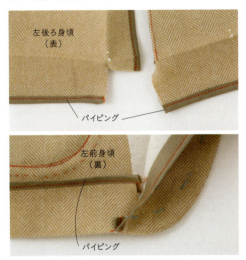
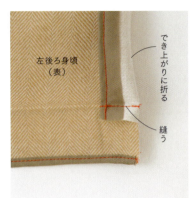

❶裾の縫い代をパイピング始末します。

❷左後ろ身頃の後ろ中心は、でき上がりに中表に折り、でき上がり線で縫います。

❸裾をでき上がりに折り、しつけをかけます。

12 背裏を作りつける

❶背裏の裾を1cm、1cmの三つ折りにして縫います。左右の背裏を中表に合わせて縫います。

❷縫い代は2枚一緒に始末し、後ろ中心にキセをかけて、左側に折ります。

❸背裏と見返しを中表に合わせて、肩と脇を縫います。縫い代は背裏側に倒します。

13 衿を作り、つける

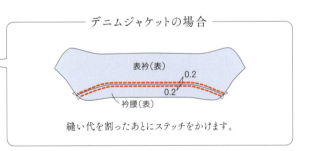

❶表衿と衿腰を中表に合わせて縫い、縫い代は割ります。

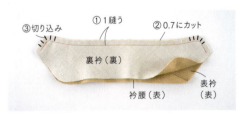

❷表衿と裏衿を中表に合わせて、でき上がりまで縫います。縫い代を0.7cmにカットし、カーブは切り込みを入れます。

❸表に返し、裏衿側に控えてしつけをかけます。

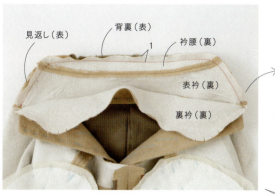

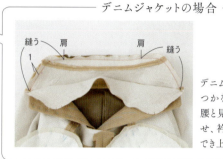

見返しと前身頃の衿つけ止まりの縫い代に切り込みを入れておきます。

見返しのカーブの縫い代に切り込みを入れておくと縫いやすい。

❹ 背裏・見返しと表衿・衿腰を中表に合わせて縫います。縫い代は割ります。

― デニムジャケットの場合 ―

デニムジャケットは背裏がつかないので、表衿・衿腰と見返しを中表に合わせ、衿つけ止まりから肩のでき上がりまで縫います。

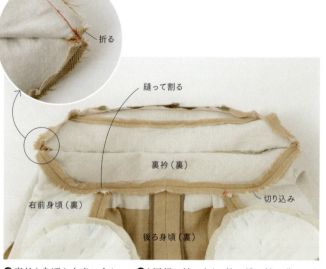

❺ 裏衿と身頃を中表に合わせ、❹と同様に縫います。衿の端は縫い代をでき上がりにたたんで縫うときれいに仕上がります。

❻ 表に返し、形を整えます。衿をカーブさせて、表衿側から斜めじつけを2本かけます。

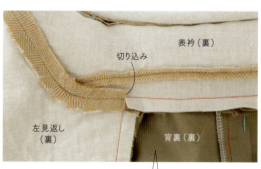

❼ 衿腰の縫い代に切り込みを入れます。見返し側は縫い代を割り、背裏側は縫い代を倒します。

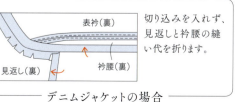

切り込みを入れず、見返しと衿腰の縫い代を折ります。

― デニムジャケットの場合 ―

❽ 衿の形を整え、表裏の縫い目を合わせてマチ針を打ちます。

14 袖を作り、つける

❾裏に返し、しつけ糸2本取りで縫い代をとめ、中とじをします。

しつけ糸で中とじ / 後ろ身頃（裏）

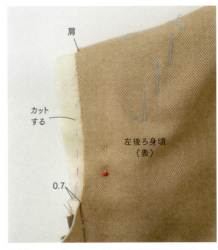

❶肩パッドの余分をカットします。肩は縫い代端に合わせ、肩パッドの後ろ端は0.7cmはみ出したところでカットします。

肩 / カットする / 左後ろ身頃（表） / 0.7

― デニムジャケットの場合 ―

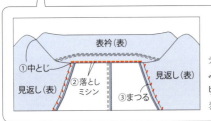

表衿（表） / ①中とじ / ②落としミシン / 見返し（表） / ③まつる / 見返し（表）

デニムジャケットは、見返しの部分のみ中とじをします。見返しの肩を身頃にまつり、衿腰は縫い代を折って表から落としミシンをかけます。

❷肩パッドの前側は縫い代端に沿ってカットします。

左前身頃（表） / 縫い代に沿ってカット

❸後ろ側のしつけをほどき、肩の縫い代に肩パッドを縫い止めます。袖側は5cmあけます。

縫い止める / 肩パッド / 左後ろ身頃（裏） / 5

❹外袖をでき上がりに折り、ボタンホールステッチをします（穴は開けない）。

外袖（表） / ボタンホールステッチ / 折り目をつける

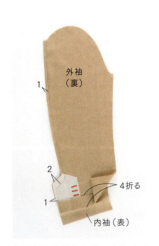

❺外袖と内袖を中表に合わせて縫います。外袖は袖口を折り上げたまま縫います。

外袖（裏） / 1 / 2 / 1 / 4折る / 内袖（表）

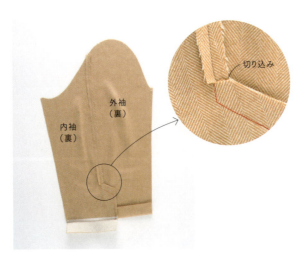

❻あきみせ止まりで内袖の縫い代に切り込みを入れます。袖ぐり側の縫い代は割り、袖口側は外袖側に倒します。

外袖（裏） / 内袖（裏） / 切り込み

❼もう一方の袖下は、外袖の袖口の縫い代を開いて中表に縫います。縫い代は割ります。

外袖（表） / 内袖（裏） / 1

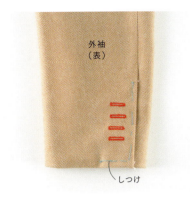
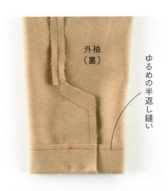
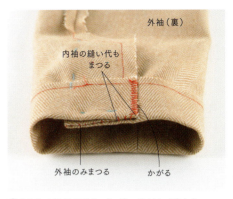

❽ 袖口をでき上がりに折り、あきの形を整えてしつけをかけます。

❾ 袖口の縫い代をゆるめの半返し縫いで縫います。表地の織り糸1本をすくって縫います。

❿ あきみせは袖口をまつり、縫い代はかがります。

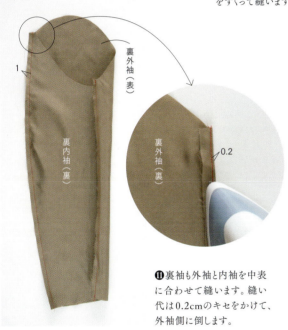

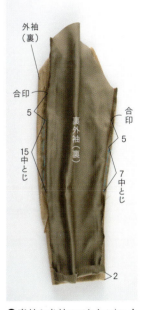

⓫ 裏袖も外袖と内袖を中表に合わせて縫います。縫い代は0.2cmのキセをかけて、外袖側に倒します。

⓬ 袖口をでき上がりに折ります。

⓭ 裏袖を表袖のでき上がりに合わせて重ね、しつけ糸2本取りで縫い代を中とじします。

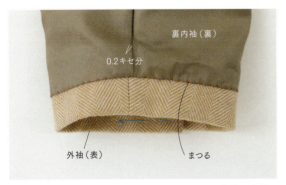
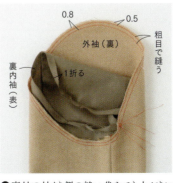
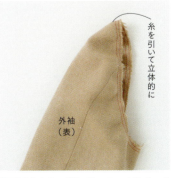

⓮ 袖を表に返して整え、袖口にしつけをかけてから、裏袖を表袖にまつります。

⓯ 裏袖の袖ぐり側の縫い代をでき上がりに折り、折り目をつけます。袖の縫い代を粗目の縫い目で2本縫います。

⓰ 下糸2本を一緒に引いていせ込み、立体的に形作ります。縫い代をアイロンで押さえ、落ちつかせます。

⓱身頃と袖を中表に合わせて縫います。このとき背裏、見返し、肩パッド、裏袖を縫い込まないように注意。

⓲肩から前後6cmの身頃の縫い代に切り込みを入れます。袖山は縫い代を割り、袖下側は縫い代を袖側に倒します。

⓳ゆき綿を用意します。

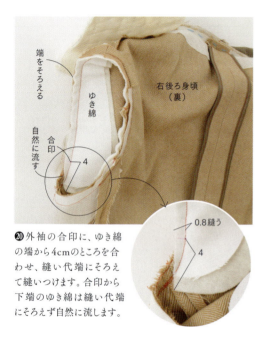

⓴外袖の合印に、ゆき綿の端から4cmのところを合わせ、縫い代端にそろえて縫いつけます。合印から下端のゆき綿は縫い代端にそろえず自然に流します。

㉑肩パッドを身頃に重ね、はみ出た肩パッドは、端を縫い代端に合わせてしつけ糸2本取りでゆるく縫い止めます。

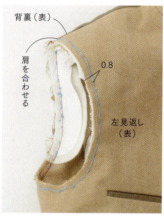

㉒見返しと背裏を肩パッドの上に重ね、袖ぐりにしつけをかける。肩の位置がぴったりと合うように合わせましょう。

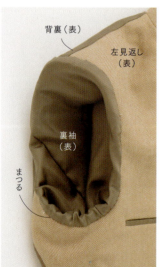

㉓裏袖を袖ぐりのでき上がり線に合わせてまつります。

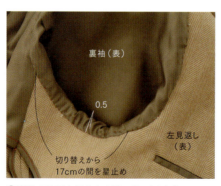

㉔裏袖の袖下を星止めで縫い代にとめます。

15 裾と周りを縫う

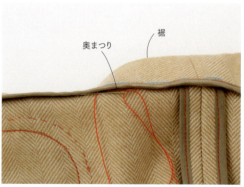

❶裾を奥まつりでとめます。

ラペルの角は写真のように縫います。

縫い目を縫う
0.7

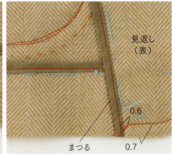

後ろ中心と、見返しの端はまつります。

後ろ身頃（裏）　見返し（表）
まつる　0.6
まつる　0.7

❷見返しの端、衿の周りに続けてステッチをかけます。

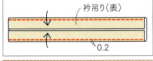

衿吊り（表）
0.2

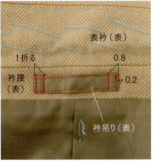

表衿（表）
1折る　0.8
衿腰（表）　0.2
衿吊り（表）

❸衿吊りは長辺を中心に向かって折り、両側にステッチをかけます。両端を1cm折り、衿腰に縫い止めます。

返り線

❹ラペルを返り線で折ります。

ゴージライン

❺ゴージラインから返り止まりの1/3をアイロンで押さえます。

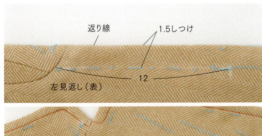

返り線　1.5しつけ
12
左見返し（表）

左見返し（表）
1.5星止め

❻返り線から1.5cm内側にしつけをかけます。ラペルを開き、しつけをかけたところを星止めします。星止めをすると身頃と見返しが縫い止まるので、衿のゆとりが逃げません。

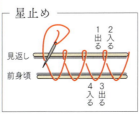

星止め
見返し
前身頃
1出る　2入る　3出る　4入る

❼背裏と後ろ中心の縫い代、見返しと前身頃のダーツを糸ループでとめます。

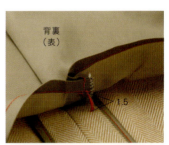

背裏（表）
1.5

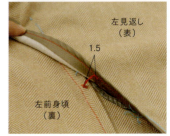

左見返し（表）
1.5
左前身頃（裏）

55

16 仕上げアイロンをかける

❽左前身頃のボタンホール位置にボタンホール（ハトメ穴）を作ります。左身頃のラベルは見返し側からボタンホールを作ります。

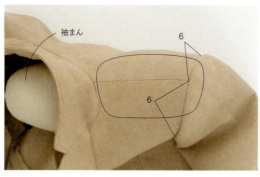

❶袖まんを内側に当て、身頃の肩の縫い目と、袖ぐりの肩部分をアイロンで押さえます。表地と裏地をなじませます。❶～⓭は当て布をしてアイロンをかけます。

❷内側にまんじゅうを当て、ポケットから肩にかけた位置を押さえます。袖にアイロンを乗せてしまわないように注意。

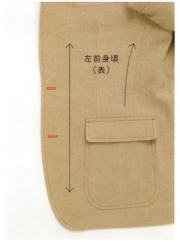

❸前中心の布目が真っ直ぐになるようにアイロンで押さえます。ダーツは脇に向かって反るようにアイロンで押さえます。

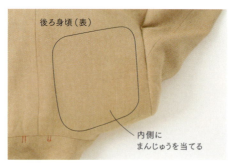

❹内側にまんじゅうを当て、くせ取りをした肩甲骨部分をなじませるようにアイロンで押さえます。

❺衿を返り線で折り、ゴージラインの上部分をアイロンで押さえます。

❻衿を広げ、返り線をアイロンで表側から押さえます。

❼裏に返し、内側から縫い代を押えます。

❽裏衿側から縁をアイロンで押さえます。

縫い代を押さえる

真っ直ぐにする

❾裾は真っ直ぐになるように、脇やベントは縫い代を押さえます。

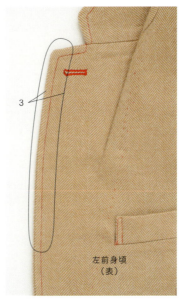

左前身頃（表）

❿前身頃側からラペルの縁を押さえます。

左見返し（表）

⓫見返し側から、ラペルの縁とゴージラインの縫い目を押さえます。

左前身頃（表）

⓬ラペルを返り線で折り、ゴージラインから返り止まりの1/3のところを押さえます。返り止まりは形をしっかり決めず、カーブを描くようにします。

袖（表）

⓭袖は縫い目をアイロンで押さえます。

⓮袖全体にスチームを当てます。

17 ボタンをつける

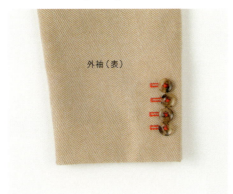

外袖（表）

❶袖口はボタンホールの穴を開けず、重なった内袖まで糸を通してボタンをつけます。

右前身頃（表）

❷右前身頃のボタンつけ位置にボタンをつけます。

完成

Toshio Kaneko's
Men's clothes
ACCESSORIES

R.
ネクタイ

本来は少し複雑な作り方をするネクタイですが、ホームソーイングでもチャレンジしていただきやすいよう、作り方を考えました。リネンやリバティプリントなどお好みの布地を使って、ぜひ自分だけのオリジナルネクタイを作ってみてください。

How to make P.99

S.
トートバッグ

ベーシックな舟形のトートバッグ。メンズだけでなく、レディースにも使って欲しいアイテムです。使う布地や、色味によって、組み合わせは無限大。服に合わせて色合わせをしたバッグなんて、ちょっとお洒落じゃないですか？

How to make P.100

T.
ワークエプロン

ガーデニングやクッキングの気分を盛り上げてくれる男性的なエプロンはいかがでしょうか。肩とウエストに大きめのハトメを使って、ワイルドな雰囲気に。少し厚手の帆布やツイルのような布地がおすすめです。

How to make P.101

U.
ニットトランクス

ニット地のドレープ性を活かした、ほどよいゆとりのある、履き心地抜群のトランクスです。ウエストのゴムは少し引っ張りながら縫うのが、ぴったりフィットする着心地を実現するコツです。

How to make P.102

生地提供／エプロン…オカダヤ新宿本店、トランクス…布地のお店ソールパーノ

Lesson
R.ネクタイ
P.58

実物大型紙　2面【R】
1大剣、2小剣、3中接ぎ、4裏大剣、5裏小剣

※材料、裁ち方図、でき上がりサイズはP.99参照。
※ここではわかりやすいように、目立つ色の糸を使用しています。

1 裁断し、準備する

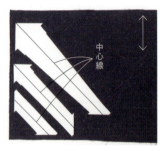

❶中心線が必ず正バイアスになるように裁断します。上下のある柄の場合は、方向に注意して裁断しましょう。

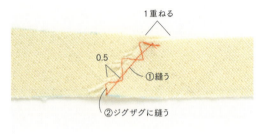

❷ネクタイ芯は、端を1cm程度重ねて縫います。端がほつれないようにジグザグに縫い止めます。そのあと、型紙をあててカットします。

ネクタイ芯とは

バイアスに裁断されているネクタイ用の芯で、ウールやポリエステル素材のものがあります。

2 剣先を縫う

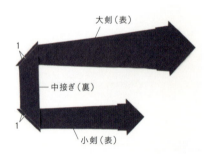

❶中はぎと大剣、小剣をそれぞれ中表に合わせて縫います。縫い代は割ります。

❷大剣の縫い合わせ線と裏大剣のでき上がり線を中表に合わせて縫います。

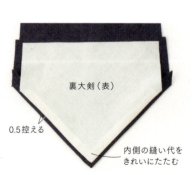

❸反対側も縫い合わせ線とでき上がり線を縫い合わせます。先端は額縁始末になるので、❷の縫い目とわずかに隙間をあけます。大剣側は先端の布が余った状態になります。

❹大剣の先端を中表に折って縫います。裏大剣を縫い込まないように注意。

❺表に返し形を整えます。剣先の縫い代は内側できれいにたたむと、仕上がりがきれいです。

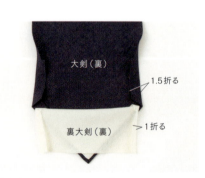

❻大剣の脇の縫い代を段差の部分まで1.5cmに折ります。裏大剣の縫い代は1cm折ります。

3 ネクタイ芯を挟み、まつる

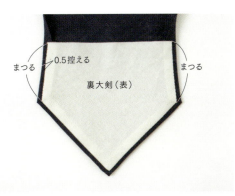

❶ネクタイ芯を裏地の間に差し込みます。芯の先端は奥まできっちり差し込みます。中心を合わせてマチ針を打ちます。中心がずれていると、でき上がったネクタイがねじれてしまうので注意。

❼裏大剣の両脇を段差部分までまつります。小剣側も同様に縫います。

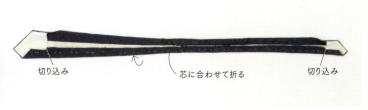

❷縫い代の段差部分の片側にだけ、でき上がり線まで切り込みを入れます。ネクタイ芯に合わせて表地を折り、マチ針を打ちます。

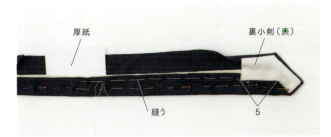

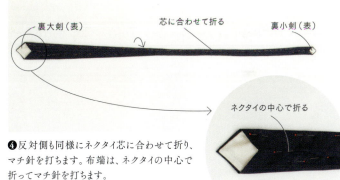

❸表地を縫わないように、ネクタイ芯の下に厚紙を挟みます。縫い糸はネクタイの長さよりも長めに用意し、端から5cm程度離れた部分から、粗目の並縫いでネクタイ芯をすくって縫い止めます。ネクタイの伸びについていけるように、糸は引きすぎず、少しゆるめにします。

❹反対側も同様にネクタイ芯に合わせて折り、マチ針を打ちます。布端は、ネクタイの中心で折ってマチ針を打ちます。

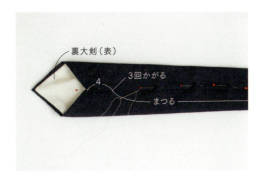

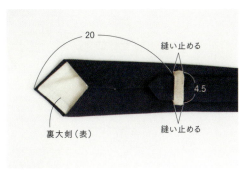

❺端から4cmのところで3回ほどかがります。小剣側も同様にかがります。両端のかがった間は、中心の折り山から0.1程度内側をまつります。まつるときはネクタイ芯まですくってまつります。

❻1.5cm幅のテープの両端をそれぞれ1cm折り、テープつけ位置に合わせて角を縫い止めます。

完成

How to make

作り始める前に

・材料や寸法に複数の数字がある場合は、左または上からS・M・L・LL・3Lサイズを表しています。
・材料の用尺は幅×長さの順で表記しています。柄合わせをする場合は、掲載の用尺よりも多く必要になる場合があります。
・作り方の中で、特に指定のない数字の単位はcmです。
・裁ち方図はLサイズの型紙で配置しています。異なるサイズで作る場合や使用する布によっては違いが生じる場合もあるので、必ず型紙を置いて確認してから裁断しましょう。
・直線だけのパーツは型紙がついていないものもあります。裁ち方図に記載されている寸法を参照し、布に直接線を引いて（縫い代分も忘れず）裁断してください。

素材と用具

伸び止めテープ
ストレートテープ、平テープとも呼びます。接着芯を布目方向に細長く裁断したもので、布地が伸びるのを防ぐために貼ります。

ハーフバイアステープ
伸び止めテープの一種接着芯をハーフバイアス（角度12度）方向に細長く裁断したもの。伸び止めテープと同様に布地が伸びるのを防ぐために貼ります。袖ぐりなど、曲線に貼るのに向いています。

肩パッド
体型補正やシルエットをきれいに出すためにつけます。ジャケットではメンズ用のセットインスリーブタイプ、中にバイアス毛芯が入っている柔らかくふんわりした風合いの厚さ7〜8mm前後の肩パッドを用意しましょう。

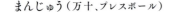

まんじゅう（万十、プレスボール）
ダーツなど曲線部分のアイロン台として使う用具。曲線部分にしつけをかけるときなどにも使います。

袖まん
袖などの筒になったパーツのアイロン台として使います。

カーブ定規
型紙を写すときや、縫い代をつけるときに便利な用具。

地直しについて

購入したままの布は、布目が曲がっていたり、洗濯後に縮んでしまう場合があるので、裁断前に地直しをしておきましょう。

木綿や麻
水に浸けると縮む可能性のある生地なので、あらかじめ水通しをして縮ませておきます。水通しをしたあと、布目を正して陰干しにします。生乾き程度に乾いたら、布目が直角になるようにアイロンをかけて整えます。

ウール
布の裏側から霧吹きでたっぷりと水分を含ませ、たたんでビニール袋に入れて一晩置きます。布の裏側からスチームアイロンを布目に沿って当て、布目を直角に整えます。

ニット地
水に浸したあと伸びないように手で押さえるようにして脱水し、平置きで干します。布目を整えるアイロンもスチームアイロンで伸ばさないようにかけましょう。

サイズについて

ヌードサイズの測り方
ヌードサイズは下着の状態で測りましょう。

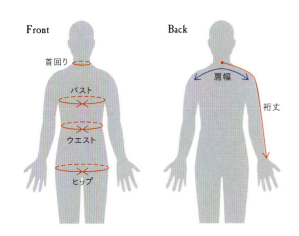

首回り
首のつけ根回りを一周測った実寸に、ゆとり分2cmを足した寸法。

肩幅
肩先（SP）から、首のつけ根（BNP）を通って反対側の肩先までの寸法。

バスト
胸回りの1番高い部分を一周測った寸法。

ウエスト
胴回りの1番細い部分を一周測った寸法。

ヒップ
腰回りの1番大きい部分を一周測った寸法。

裄丈（ゆきたけ）
首のつけ根の骨（BNP）から、肩先（SP）を通って手首の突起した骨部分までの寸法。

ヌードサイズ
ヌードサイズを当てはめ、サイズを確認してから制作しましょう。

サイズ	S	M	L	LL	3L
身長（中心）	161-169（165）	166-174（170）	171-179（175）	176-184（180）	181-189（185）
バスト	88	92	96	100	104
ウエスト	76	80	84	88	92
ヒップ	90	94	98	102	106
肩幅	43.5	45	46.5	48	49.5

でき上がりサイズの測り方
作り方ページに記載のでき上がりサイズは、下記の部分を測っています。ヌード寸法と合わせて確認してサイズを選んでください。

トップス

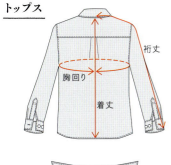

着丈
後ろ中心を測ります。衿やフードがつくものは衿ぐりから、裾までの寸法。

胸回り
バスト位置で一周測った寸法。

裄丈
衿ぐりの後ろ中心から肩先を通り、袖口までの寸法。

首回り
台衿の前中心から前中心までの寸法。

パンツ

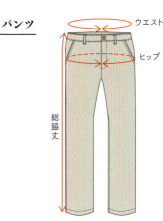

ウエスト
前あきがあるものは閉めた状態で、上端を一周測った寸法。

ヒップ
ヒップ位置で一周測った寸法。

総脇丈
脇の上端から裾までの寸法（ベルトも含む）。

実物大型紙の使い方

写し方

作りたい作品とサイズを選び、目立つようにマーカーなどで印をつけます。型紙の上にハトロン紙を重ね、定規を使って型紙の線を写します。合印や布目線なども忘れずに写し、パーツ名を書いておきましょう。

縫い代のつけ方

 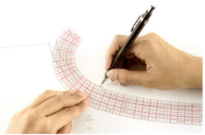

この本の作品には、記載がないものについては縫い代が含まれていません。作り方ページの裁ち方図に記載された寸法を参照し、でき上がり線と平行に縫い代線を引きます。方眼定規を使うと平行に引きやすいです。

> **注意！**
> この本の一部のパーツには、すでに縫い代が含まれています。型紙と裁ち方図を確認して下さい。

斜めになった角の縫い代つけ

袖口や裾、脇など、でき上がり線が斜めにぶつかる角の部分は、縫い代をでき上がりに折ったときに欠けたり、余ったりしないように縫い代をつけます。

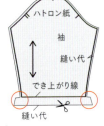  

❶ 角以外の縫い代をつけ終わったら、角の周囲を多めに残して型紙をカットします。

❷ でき上がり線で折り上げ、袖下の縫い代線に沿って余分をカットします。※三つ折りの指定になっている場合は、三つ折りに。

❸ これで、折ったときに縫い代がぴったりとしたきれいな縫い代になります。

印付けについて

ウールなど布用転写紙で印がつきにくい布や、縫い代がパイピング始末の場合は、しつけ糸で糸印をつけます（切りじつけ、きりび）。

❶ 裁断したパーツの上に型紙を置いたまま、しつけ糸2本取りで、しるしをつけたい部分を2〜3cmおきに縫います。角や合印は十字に縫います。

❷ 上側に出ている糸をカットし、型紙を外します。パーツとパーツの間の糸をカットし、上側に出ている糸端も0.2cm程度にカットします。糸が抜けにくいように、糸端はアイロンの先で広げます。

ニット地の縫い方

家庭用ミシン

直線縫いはニット地の伸縮を止めてしまうので、模様縫いボタンで伸縮縫いを選択しましょう。縫い針と縫い糸はニット地用のものを使用します。

ロックミシン

2本針4本糸のロックミシンを使えば、端かがりと縫い合わせを同時に行うことができます。1本針3本糸のロックミシンは縫い目の耐久性が足りず、縫い合わせには不向きなので、直線縫いミシンと併用しましょう。

布端の始末

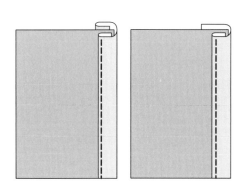
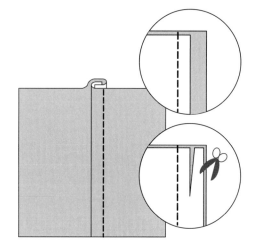

パイピング
裏地で作ったバイアス布で布端をくるむ方法。厚地の場合は、縫い代の内側になる側を伸ばした状態で縫います。裏地のつかないジャケットやコートの縫い代始末に使っています。

折り伏せ縫い
片方の縫い代でもう片方の縫い代をくるんで表からステッチをかけます。縫い代にあらかじめ段差をつけておく方法と、中表に縫ったあと片方の縫い代をカットする方法があります。シャツの袖ぐりや脇を縫うときに使っています。

袋縫い
2枚の布を外表に合わせて縫い、裏に返して布端をくるむようにして再度縫います。この本ではポケットの袋布を縫う際に使っています。

手縫い

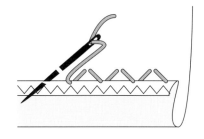
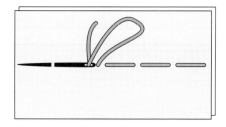
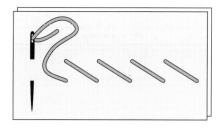

奥まつり
縫い代を少しめくり、身頃のたて糸と縫い代を交互にすくいます。

置きじつけ
布を机などに置いたまましつけをかけます。表に出る糸は2〜3cm程度、すくうのは0.5〜1cm程度。

斜めじつけ
幅広い部分を固定するときに使う縫い方。糸が斜めに渡るように縫います。

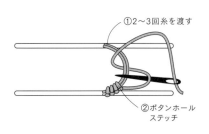
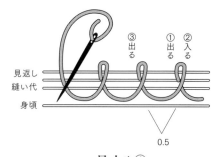
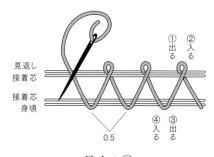

糸ループ
表地と裏地が離れないように、適度なゆとりを持たせて固定します。2枚の布に数回糸を渡し、その糸にボタンホールステッチをします。

星止め①
縫い目を目立たせずに、布を止める縫い方。織り糸1本分をすくって縫い止めます。

星止め②
表側、裏側ともに縫い目を目立たせずに止める縫い方。それぞれ、織り糸1本分すくって縫い止めます。

型紙のサイズ補正

胸囲寸法を変える

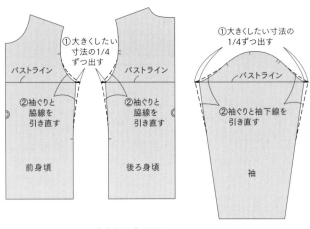
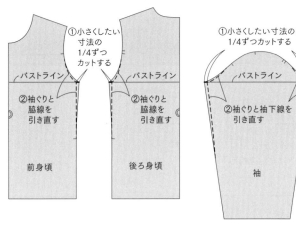

• 胸囲を大きくする

身頃はバストラインを延長し、脇の袖下位置で大きくしたい寸法の1/4ずつを出します。脇線、袖ぐり線を自然につなげます。袖も袖幅を延長し、両端を1/4ずつ出して自然につなげます。袖山と袖ぐりの寸法が合っているか確認します。

• 胸囲を小さくする

身頃は、脇の袖下位置で小さくしたい寸法の1/4ずつをバストライン上でカットします。脇線、袖ぐり線を自然につなげます。袖も両端を1/4ずつカットし、自然につなげます。袖山と袖ぐりの寸法が合っているか確認します。

身幅を変える（テーラードジャケットの場合）

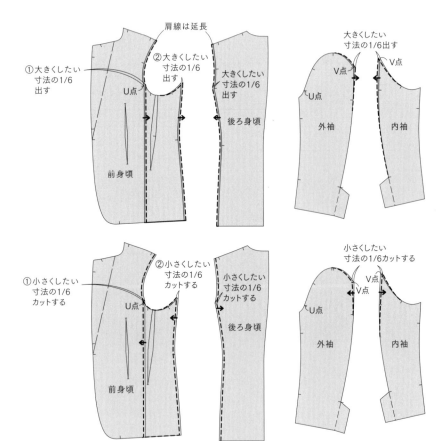

• 身幅を大きくする

前身頃は、U点で布目線に対して平行に切り開き、脇側を大きくしたい寸法の1/6平行に出します。そのあと、脇をさらに1/6出します。後ろ身頃は大きくしたい寸法の1/6脇に出します。内袖・外袖はV点側をそれぞれ1/6出します。大きくするのは1周で3cm程度までに。

• 身幅を小さくする

前身頃は、U点で布目線に対して平行に切り開き、脇側を小さくしたい寸法の1/6平行にカットします。そのあと、脇をさらに1/6カットします。後ろ身頃は小さくしたい寸法の1/6脇をカットします。内袖・外袖はV点側をそれぞれ1/6カットします。小さくするのは1周で3cm程度までに。

着丈を変える

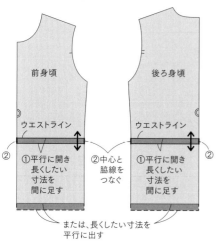

・着丈を長くする
ウエストラインを切り開き、長くしたい寸法を間に足して、脇線や中心線をつなぎ直します。もしくは、裾線を平行に出しますが、裾が広がったデザインの場合は、裾幅も広くなってしまうので注意しましょう。

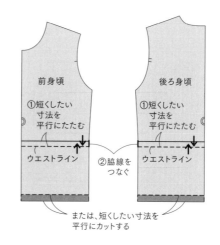

・着丈を短くする
ウエストラインで短くしたい寸法をたたみ、脇線をつなぎ直します。もしくは、裾線を平行にカットする方法もありますが、裾が広がったデザインの場合は裾幅が狭くなってしまうので注意しましょう。

袖丈を変える

〈長袖〉

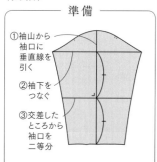

袖山から袖口に垂直線を引きます。袖下をつなげて、2本の線が交わっている部分から、袖下を二等分して垂直線を引きます。

・長くする
二等分した垂直線で切り開き、長くしたい寸法を間に足します。袖下線は、上下の線の中間で線を自然につなぎます。

・短くする
二等分した垂直線で、短くしたい寸法分をたたみ、袖下線を自然につなぎます。

〈半袖〉

・長くする
袖口に対して長くしたい寸法を平行に出します。袖口の長さは変えないように注意。平行に出した両端と袖下をつなぎます。

・短くする
袖口に対して短くしたい寸法を平行にカットします。袖口の長さは変えないように注意。カットした両端と袖下をつなぎます。

〈二枚袖〉

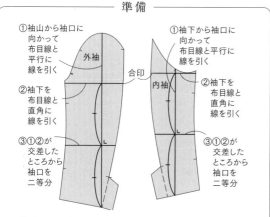

袖山または袖下から袖口に垂直線を引きます。袖下をつなげて、2本の線が交わっている部分から、袖下を二等分して垂直線を引きます。

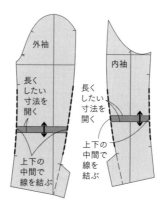

・長くする
二等分した垂直線で切り開き、長くしたい寸法を間に足します。袖下線は、上下の線の中間で線を自然につなぎます。

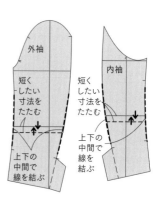

・短くする
二等分した垂直線で、短くしたい寸法分をたたみ、袖下線を自然につなぎます。

パンツの股下丈を変える

準備

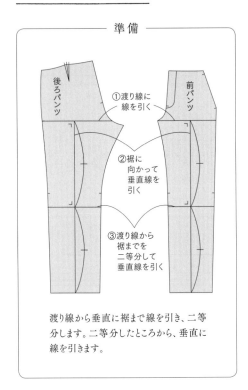

渡り線から垂直に裾まで線を引き、二等分します。二等分したところから、垂直に線を引きます。

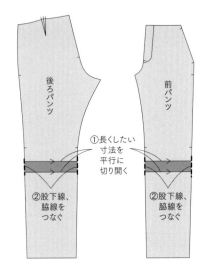

• 股下丈を長くする

二等分した線を平行に切り開き、間に長くしたい寸法分を足して股下線と脇線を自然につなぎます。

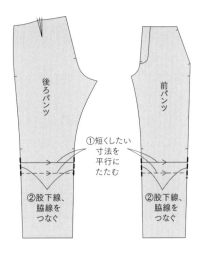

• 股下丈を短くする

二等分した線で、短くしたい寸法分を平行にたたみ、股下線と脇線を自然につなぎます。

パンツの幅を変える

準備

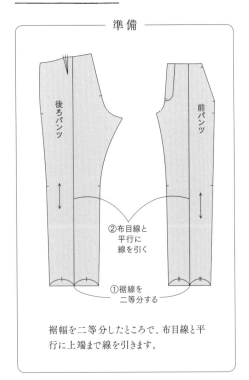

裾幅を二等分したところで、布目線と平行に上端まで線を引きます。

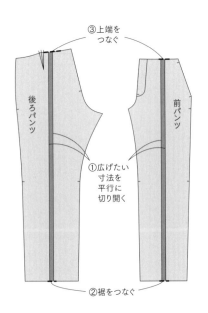

• パンツの幅を出す

二等分した線で、出したい長さの1/4を平行に切り開きます。上端と裾は自然につなぎます。

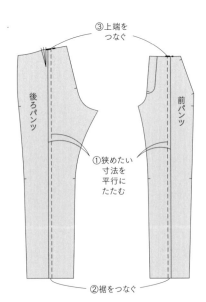

• パンツの幅を詰める

二等分した線で、詰めたい長さの1/4をたたみます。上端と裾は自然につなぎます。

A. クレリックシャツ P.4

実物大型紙（1面A）
1 前身頃、2 後ろヨーク、3 後ろ身頃、4 前立て、5 袖、6 カフス、7 剣ボロ、8 下ボロ、9 ポケット、10 台衿、11 衿、12 ガゼット

でき上がりサイズ
（左からS/M/L/LL/3L）
着丈　74/76/78/80/82cm
胸回り　107/111/115/121/127cm
裄丈　80/82/84/86/88cm

材料
[50sブロード（ロンドンストライプ）]
108cm幅×210/215/220/225/230cm
[ブロード（白）]70×65cm
[直径1.15cmの高瀬貝ボタン]13個
[接着芯]60×80cm
＊縫い糸は90番のミシン糸を使用します。

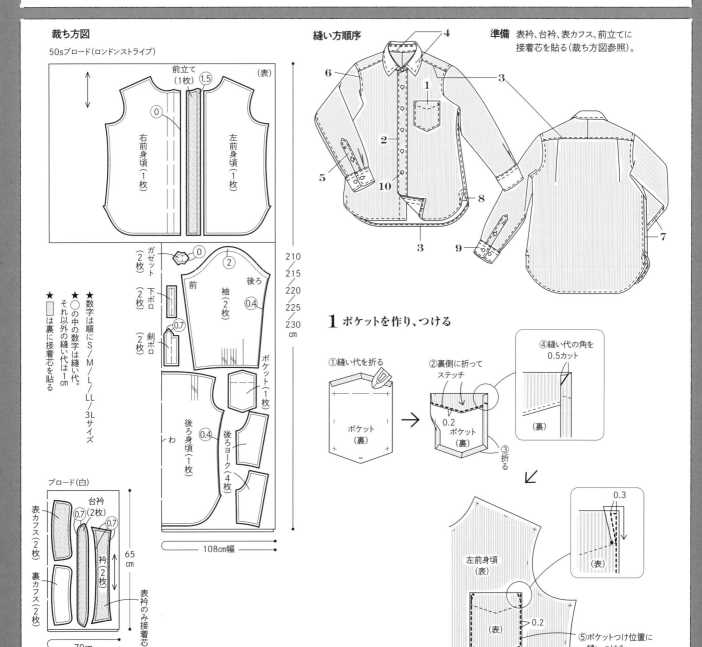

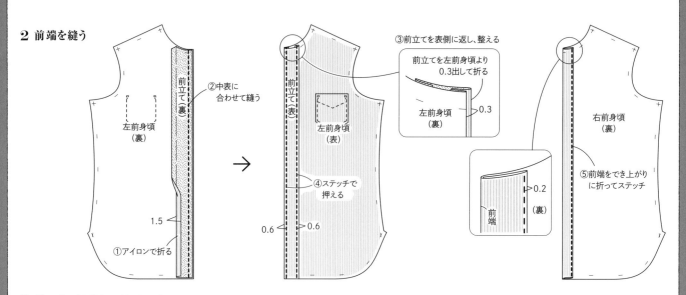
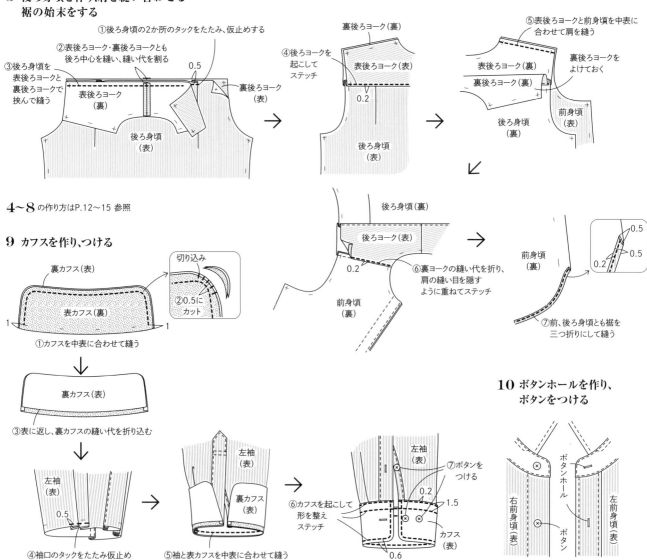

B. ボタンダウンシャツ P.6

実物大型紙（1面B）
1 前身頃、2 後ろヨーク、3 後ろ身頃、4 前立て、5 袖、6 カフス、7 剣ボロ、8 下ボロ、9 ポケット、10 台衿、11 衿、12 ガゼット

でき上がりサイズ
（左からS/M/L/LL/3L）
着丈　74/76/78/80/82cm
胸回り　107/111/115/121/127cm
裄丈　80/82/84/86/88cm

材料
[オックスフォード（白）／30s先染めビエラチェック]
110／112cm幅×240/245/250/255/260cm
[直径1.15cmの高瀬貝ボタン]13個
[直径0.9cmの高瀬貝ボタン]2個（衿用）
[フェルト]適宜（力布用）
[接着芯]60×80cm
＊縫い糸は90番のミシン糸を使用します。

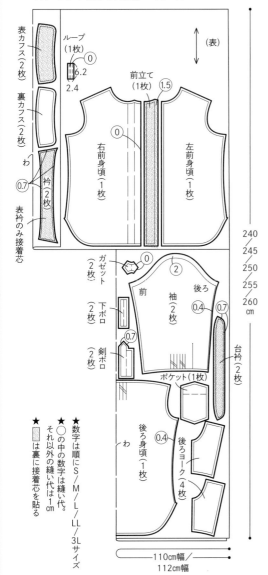

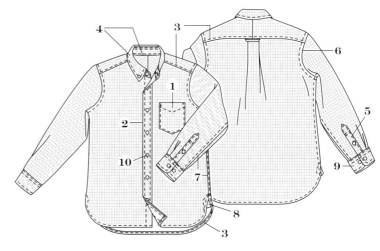

縫い方順序

準備　表衿、台衿、前立て、カフスに接着芯を貼る。（裁ち方図参照）

1、2 の作り方はP.69〜70の **1、2** 参照

3 後ろ身頃を作り、肩を縫い合わせる　裾の始末をする

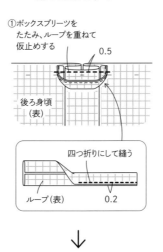

4〜8 の作り方はP.12〜15参照

9 の作り方はP.70の **9** 参照

10 ボタンホールを作り、ボタンをつける

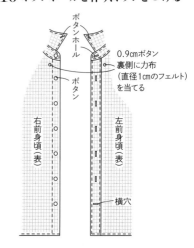

C. ミリタリーシャツ P.7

実物大型紙（2面C）
1 前身頃、2 後ろヨーク、3 後ろ身頃、4 前立て、5 袖、6 カフス、7 台衿、8 衿、9 肩章、10 右フラップ、11 ポケット、12 左小フラップ

でき上がりサイズ
（左からS/M/L/LL/3L）
着丈　71/73/75/77/79cm
胸回り　98/112/116/122/128cm
裄丈　45.4/47.2/49/50.8/52.6cm

材料
[コットンツイル（アーミーグリーン）]
110cm幅×210/215/220/225/230cm
[直径1.3cmのネコ目ボタン]11個
[接着芯]60×80cm

＊ステッチとボタンホールの縫い糸は、上糸のみ30番を使用します。

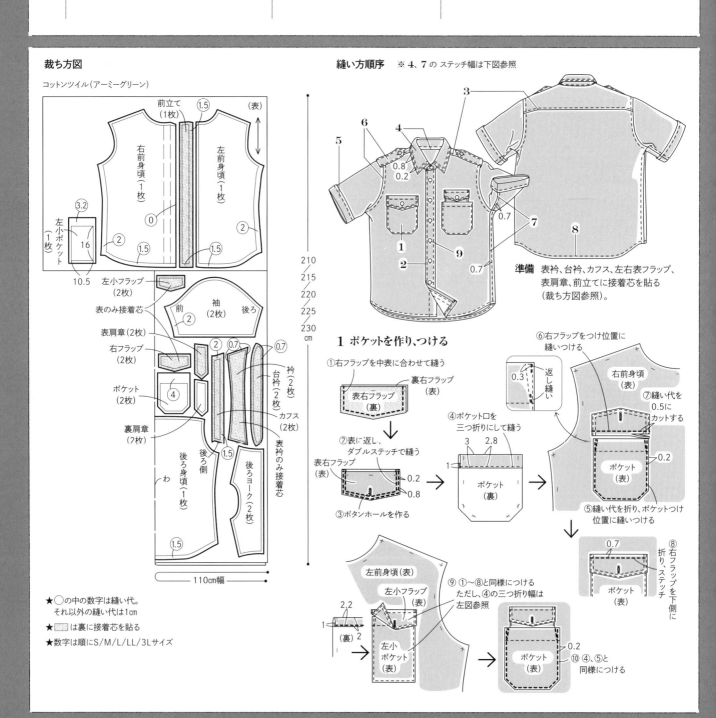

2 前端を縫う (P.70の **2** 参照)

3 後ろ身頃を作り、肩を縫い合わせる

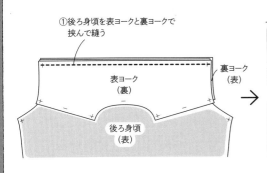

4 衿を作り、つける
(P.13～14参照。ただし、ステッチ幅は縫い方順序の図参照)

5 袖を作る

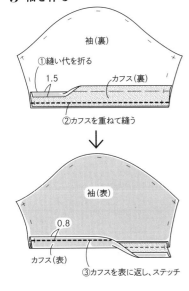

6 肩章を作り、袖をつける

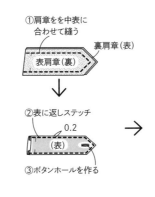

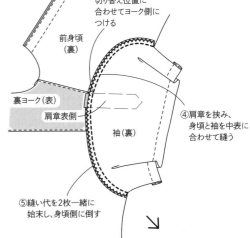

7 袖下から脇を縫う
(P.15参照。ただし、ステッチ幅は縫い方順序の図参照)

8 裾の始末をする

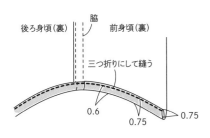

9 ボタンホールを作り、ボタンをつける

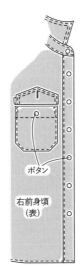
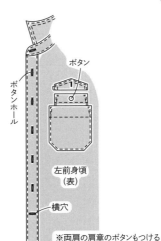
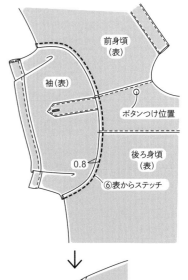

D. デニムシャツ P.8

実物大型紙(2面D)
1 前身頃、2 後ろヨーク、3 後ろ身頃、4 前立て、5 袖、6 カフス、7 台衿、8 衿、9 剣ボロ、10 下ボロ、11 ポケット

でき上がりサイズ
(左からS/M/L/LL/3L)
着丈　71/73/75/77/79cm
胸回り　110/114/118/124/130cm
裄丈　82/84/86/88/90cm

材料
[5.5ozインディゴデニム]136cm幅×240/245/250/255/260cm
[直径1.3cmの高瀬貝ボタン]13個
[直径1.15cmの高瀬貝ボタン]2個(剣ボロ用)
[接着芯]60×80cm

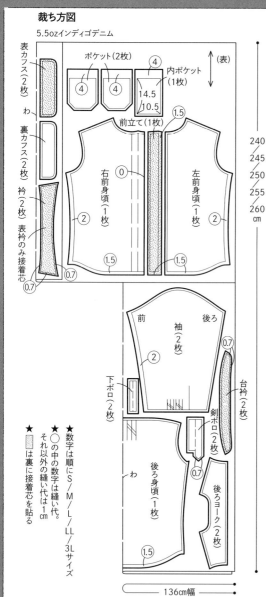

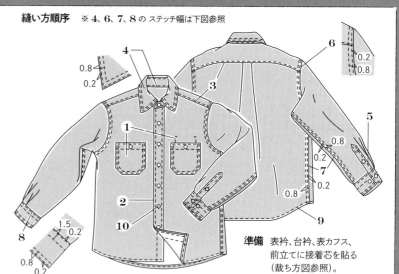

準備 表衿、台衿、表カフス、前立てに接着芯を貼る(裁ち方図参照)。

1 ポケットを作り、つける

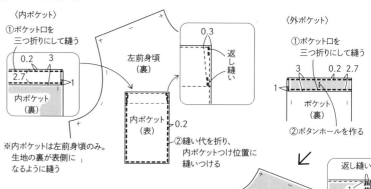

※内ポケットは左前身頃のみ。生地の裏が表側になるように縫う

2、3 の作り方はP.70の**2,3**参照。
ただし**3**のとき、後ろ身頃はボックスプリーツ、後ろヨークの中心は接がない、裾の始末はしない

4、5 の作り方はP.12~14参照

6 の作り方はP.73の**6**参照

7 の作り方はP.15参照

8 の作り方はP.70の**9**参照

9 の作り方はP.73の**8**参照

10 ボタンホールを作り、ボタンをつける

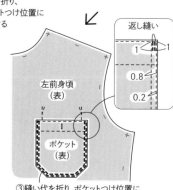

※右身頃も同様につける

E. アウトドアシャツ P.9

実物大型紙（2面E）
1 前身頃、2 後ろヨーク、3 後ろ身頃、4 前立て、5 袖、6 カフス、7 台衿、8 衿、9 剣ボロ、10 下ボロ、11 フラップ、12 ポケット

でき上がりサイズ
（左からS/M/L/LL/3L）
着丈　71/73/75/77/79cm
胸回り　110/114/118/124/130cm
裄丈　82/84/86/88/90cm

材料
［ビエラ（バッファローチェック）］
110cm幅×240/245/250/255/260cm
［直径1.3cmのネコ目ボタン］13個
［直径1.15cmのネコ目ボタン］2個（剣ボロ用）
［接着芯］55×75cm
＊ステッチとボタンホールの縫い糸は、上糸のみ30番を使用します。

縫い方順序　※4、7、8のステッチ幅は下図参照
準備　表衿、台衿、表カフス、表フラップ、前立てに接着芯を貼る（裁ち方図参照）。

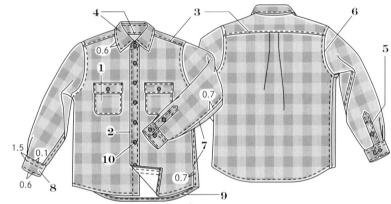

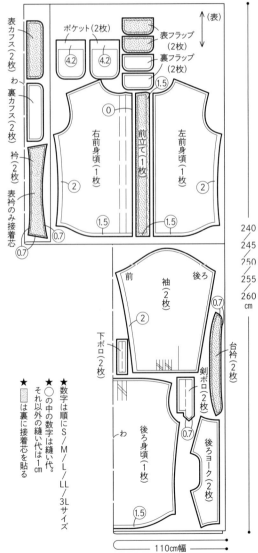

1 ポケットを作り、つける
P.72の1の①～⑧と同様に縫う

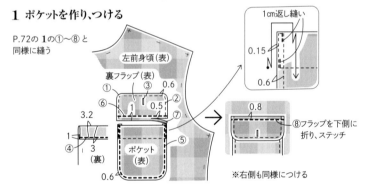

※右側も同様につける

2、3の作り方はP.74 2、3参照　　**4、5の作り方はP.12～14参照**

6 袖をつける

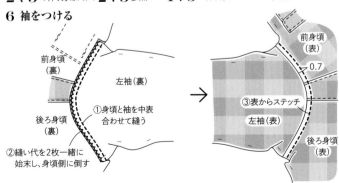

7の作り方はP.15参照　　**8の作り方はP.70の9参照**
9の作り方はP.73の8参照　　**10 ボタンホールを作り、ボタンをつける**

G. ポロシャツ P.11

実物大型紙（4面G）

1 前身頃、2 後ろ身頃、3 袖、4 前立て・持ち出し、5 衿（衿はニット地で作る場合のみ）

でき上がりサイズ

（左からS/M/L/LL/3L）
- 着丈　66/68/70/72/74cm
- 胸回り　100/104/108/114/120cm
- 裄丈　42/43.7/45.5/47.3/49cm

材料

- ［鹿の子ニット（ブルー）］170cm幅×100/100/105/105/110cm
- ［編み立てニット（ポロ衿）］8.5cm幅×37/38.5/40/42/43.7cmを1枚
- ［編み立てニット（袖口）］3.5cm幅×29.8/30.4/31/32.4/34cmを2枚
- ［接着芯］25×15cm　［直径1.15cmのボタン］2個
- ［1cm幅のハーフバイアステープ］40cm

＊縫い糸はニット用の糸を使用します。

＜衿と袖口をニット地で作る場合＞
- ［フライスニット］70×35cm　［接着芯］45×30cm

裁ち方図

鹿の子ニット（ブルー）

- 袖（2枚）
- ハーフバイアステープ
- 衿ぐりパイピング布（1枚）　38/39.6/41/43.2/45　1.6
- 前身頃（1枚）
- 後ろ身頃（1枚）
- 前立て・持ち出し（各1枚）
- 170cm幅
- 100/100/105/105/110cm

＜編み立てニットの場合（縫い代込み）＞

- ポロ衿（1枚）　8.5　リブ端　N.P　N.P　★　○　37/38.5/40/42/43.7　1カット
- 袖口（2枚）　3.5　端　29.8/30.4/31/32.4/34　○
- ★=8.4/8.7/9.1/9.5/9.9

＜フライスニットの場合＞

- 衿（1枚）
- 袖口（2枚）　5　27.8/28.4/29/30.6/32.2
- 70cm　35cm

★○の中の数字は縫い代。それ以外の縫い代は1cm
★　　は裏に接着芯を貼る　　　は裏にハーフバイアステープを貼る
★数字は順にS/M/L/LL/3Lサイズ

〈衿ぐりパイピング布寸法〉
- 前中心　肩　後ろ中心　肩　前中心
- 38/39.6/41/43.2/45　1.6
- ○=8.6/9/9.3/9.8/10.2　■=10.4/10.8/11.2/11.8/12.3

縫い方順序

準備
後ろ身頃の肩にハーフバイアステープを縫い線にかかるように貼る。前立て・持ち出しに接着芯を貼る。衿をフライスで作る場合は、衿にも貼る（裁ち方図参照）。アイロンで裾の縫い代を折り、衿ぐりパイピング布を二つ折りにする。

1 前立てを作る

①持ち出し、前立てともに下端を始末し、でき上がりに折っておく

②中表に合わせてつけ位置まで縫う
③あき止まりまで切り込み（先はつけ位置までY字に切り込む）
④折り山で中表に二つ折りにする　※前立ても同様にする
⑤縫う
⑥持ち出し中心の縫い代に切り込み

⑦表に返して整え、⑤の切り込みを入れた布端をくるんでステッチ
⑧Y字に切り込んだ縫い代と持ち出しの下を裏側に入れる
⑨ステッチ　0.8

右前身頃（表）　左前身頃（表）　前立て（裏）　持ち出し（裏）　あき止まり　つけ位置
縫い止まり　0.2　0.2　前立ても同様に入れる

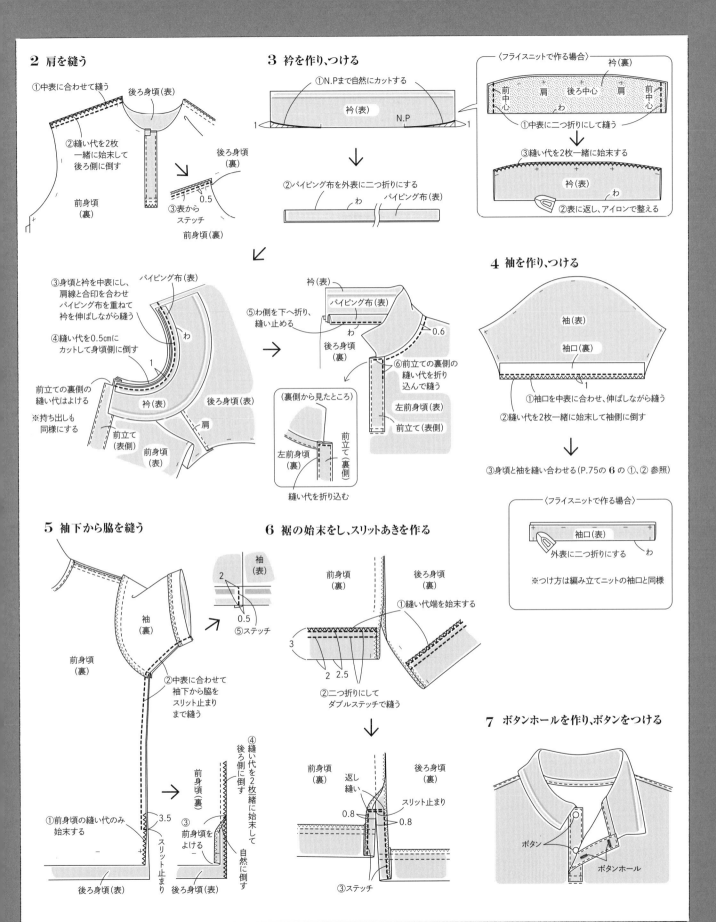

F. ボートネックカットソー P.10

実物大型紙（2面F）
1 前身頃、2 後ろ身頃、3 袖、4 当て布

でき上がりサイズ
(左からS/M/L/LL/3L)
着丈　62/64/66/68/70cm
胸回り　96/100/104/110/116cm
裄丈　73/75/77/79/81cm

材料
[天竺ニット（パネルボーダー）]
155cm幅×130/135/140/145/150cm
[1cm幅のハーフバイアステープ]140cm
＊縫い糸はニット用の糸を使用します。

裁ち方図

★○の中の数字は縫い代。それ以外の縫い代は1cm
★ ▨ は裏にハーフバイアステープを貼る
★数字は順にS/M/L/LL/3Lサイズ

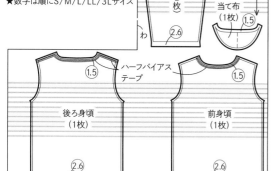

縫い方順序

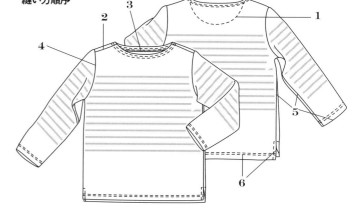

準備 後ろ身頃の肩と前・後ろ身頃の衿ぐりに1cm幅のハーフバイアステープを、縫い目にかかるように貼る（裁ち方図参照）。

2 肩を縫う（P.77の**2**の①、②参照）

3 衿ぐりの始末をする

1 当て布をつける

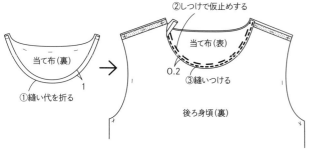

4 袖をつける（P.75の**6**の①、②参照）

5 袖下から脇を縫い、袖口を縫う

①〜④はP.77の**5**の①〜④と同様

6 裾の始末をし、スリットあきを作る

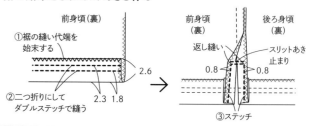

H. ドレスパンツ P.16

実物大型紙（1面H）
1 前パンツ、2 後ろパンツ、3 見返し、4 表持ち出し、5 裏持ち出し、6 タブ、7 脇ポケット見返し、8 脇ポケット袋布、9 脇ポケット向う布、10 後ろポケット袋布、11 後ろポケット口布、12 玉縁布、13 後ろポケット向う布、14 膝裏

でき上がりサイズ
（左からS/M/L/LL/3L）
ウエスト 76/80/84/90/96cm
ヒップ 95/99/103/109/115cm
総脇丈 103.5/104/104.5/105/105.5cm
＊ウエスト寸法は縫い縮み分を考慮して型紙の寸法よりも2cm小さく表示しています。

材料
［ウールフラノ（ライトグレー）］110cm幅×250cm
［スレキ］90cm幅×100cm　［薄手平織り裏地］70×70cm
［接着芯］40×40cm　［3.3cm幅インベル（ベルト芯）］110cm
［マーベルト（腰裏）］7.5～8cm幅×85.5/89.5/93.5/99.5/105.5cm
［ファスナー］14/15/15/16/16cmを1本
［直径1.5cmのボタン］2個　［前カン］1組
＊ボタンホールの縫い糸は30番を使用します。

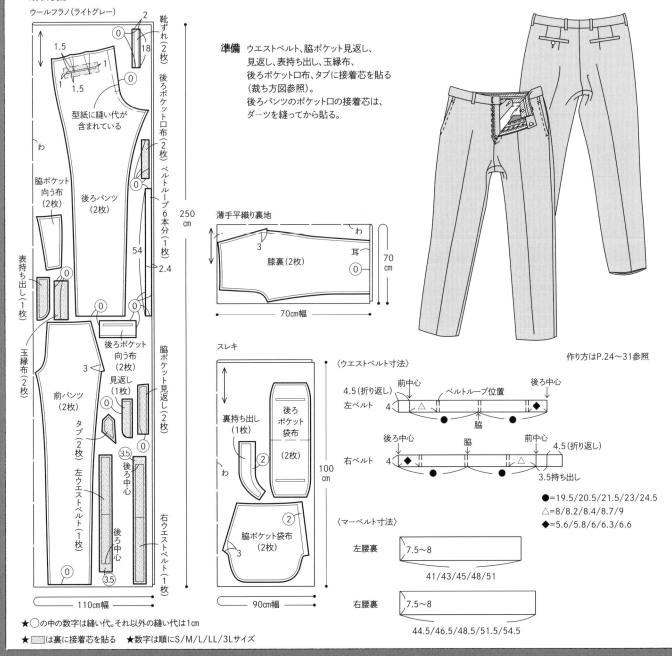

作り方はP.24～31参照

★○の中の数字は縫い代。それ以外の縫い代は1cm
★▨は裏に接着芯を貼る　★数字は順にS/M/L/LL/3Lサイズ

I. チノパン P.18

実物大型紙（5面 I）
1 前パンツ、2 後ろパンツ、3 見返し、4 持ち出し、5 脇ポケット袋布、6 向う布、7 脇ポケット口見返し、8 後ろポケット

でき上がりサイズ
（左からS/M/L/LL/3L）
ウエスト 76/80/84/90/96㎝
ヒップ 94/98/102/108/114㎝
総脇丈 98/100.5/103/105.5/108㎝
＊ウエスト寸法は縫い縮み分を考慮して型紙の寸法よりも2㎝小さく表示しています。

材料
［チノクロス（ベージュ）］112㎝幅×220/225/230/235/240㎝
［スレキ］120㎝幅×40㎝
［接着芯］40×100㎝
［ファスナー］13/14/14/15/15㎝を1本
［直径1.5㎝のボタン］2個

裁ち方図

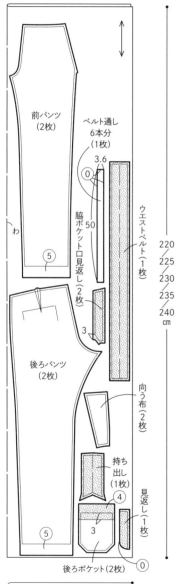

★○の中の数字は縫い代。それ以外の縫い代は1㎝
★▨は裏に接着芯を貼る
★数字は順にS/M/L/LL/3Lサイズ
★ウエストベルト寸法はP.82

準備 ウエストベルト、脇ポケット口見返し、見返し、持ち出し、後ろポケット口に接着芯を貼る（裁ち方図参照）。

縫い方順序

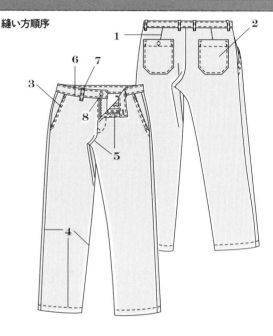

1 後ろダーツを縫う

ダーツを縫い、中心側に倒す

※右パンツも同様

2 後ろポケットを作り、つける

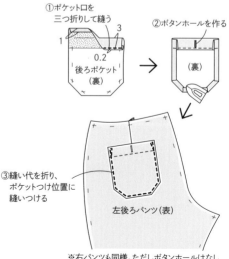

①ポケット口を三つ折りして縫う
②ボタンホールを作る
③縫い代を折り、ポケットつけ位置に縫いつける

※右パンツも同様。ただしボタンホールはなし

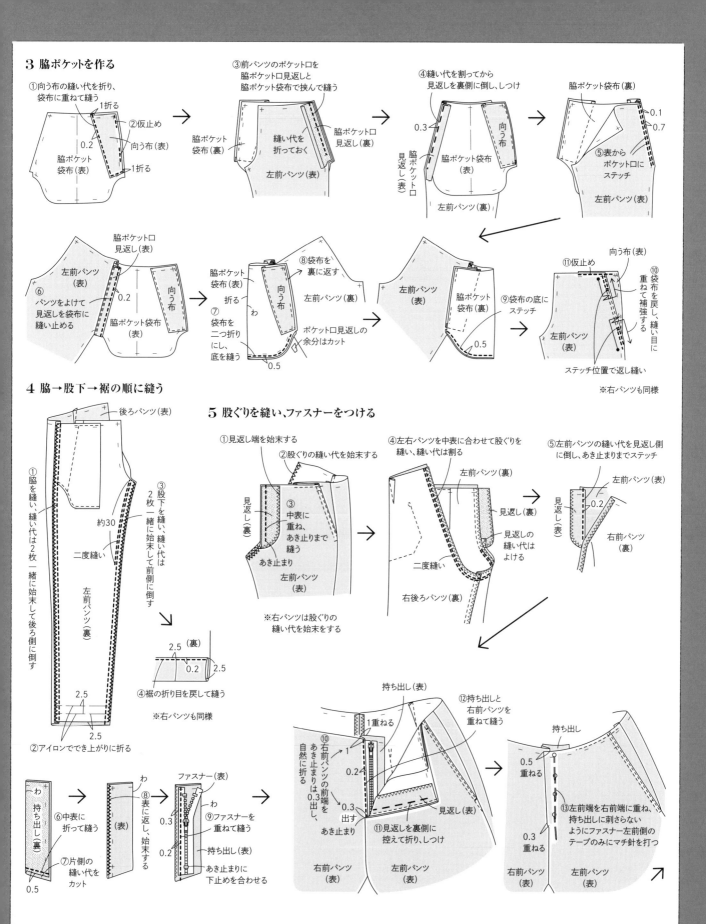

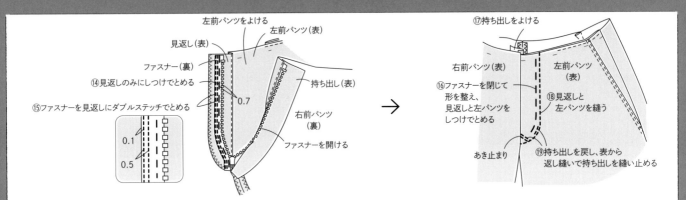

6 ウエストベルトをつける

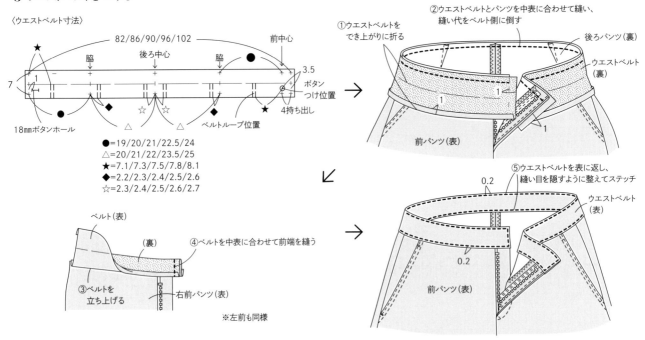

7 ベルト通しを作り、つける

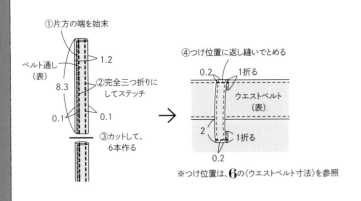

8 ボタンホールを作り、ボタンをつける

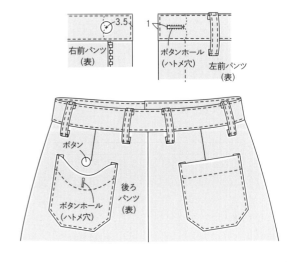

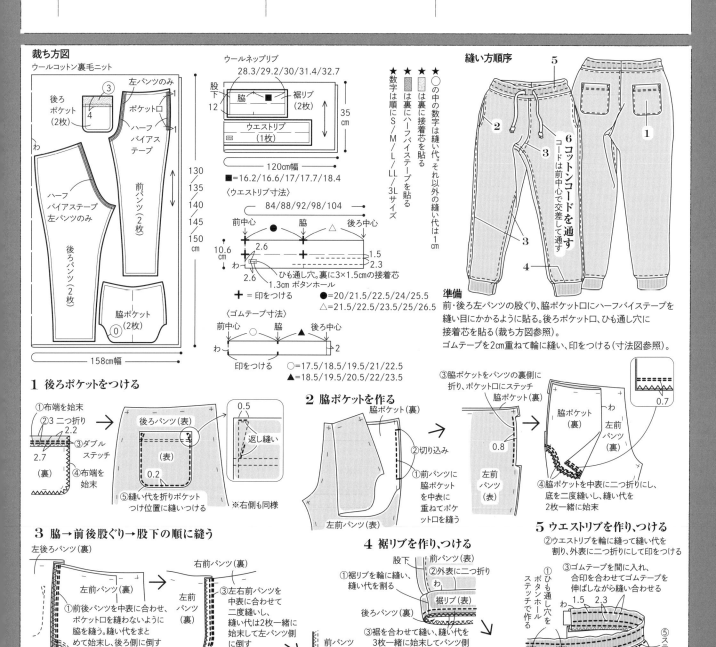

J. ジーンズ P.20

実物大型紙（6面J）

1 前パンツ、2 後ろパンツ、3 後ろヨーク、4 見返し、5 持ち出し、6 脇ポケット袋布、7 脇ポケット向う布、8 コインポケット、9 後ろポケット

でき上がりサイズ

（左からS/M/L/LL/3L）
ウエスト 78/82/86/92/98cm
ヒップ 97/101/105/111/117cm
総脇丈 99.5/102/104.5/107/109.5cm
＊ウエスト寸法は縫い縮み分を考慮して型紙の寸法よりも2cm小さく表示しています。

材料

［14ozセルビッジデニム］82cm幅×210/215/220/225/255cm
［スレキ］90cm幅×30cm
［接着芯］30×90/100/100/110/110cm
［1cm幅のハーフバイアステープ］40/40/40/45/45cm
［ファスナー］12/13/13/14/14cmを1本
［直径1.7cmのタックボタン］1個
［リベット］6個
＊ステッチは30番のミシン糸を使用します。

裁ち方図
14ozセルビッジデニム

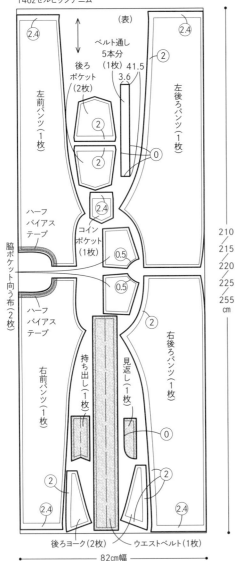

★○の中の数字は縫い代。それ以外の縫い代は1cm
★▨は裏に接着芯を貼る ▩は裏にハーフバイアステープを貼る
★数字は順にS/M/L/LL/3Lサイズ
★前・後ろパンツの脇は布の耳を利用する
★ウエストベルト寸法はP.103

縫い方順序

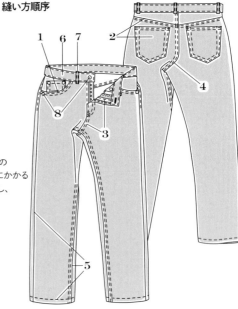

準備 前パンツの脇ポケット口に1cm幅のハーフバイアステープを、縫い目にかかるように貼る。ウエストベルト、見返し、持ち出しに接着芯を貼る（裁ち方図参照）。

1 脇ポケットを作る

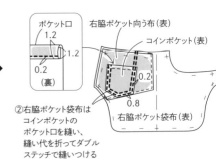

※右ポケットも同様

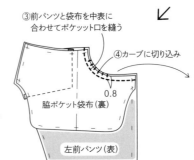

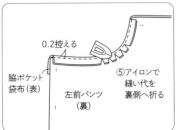

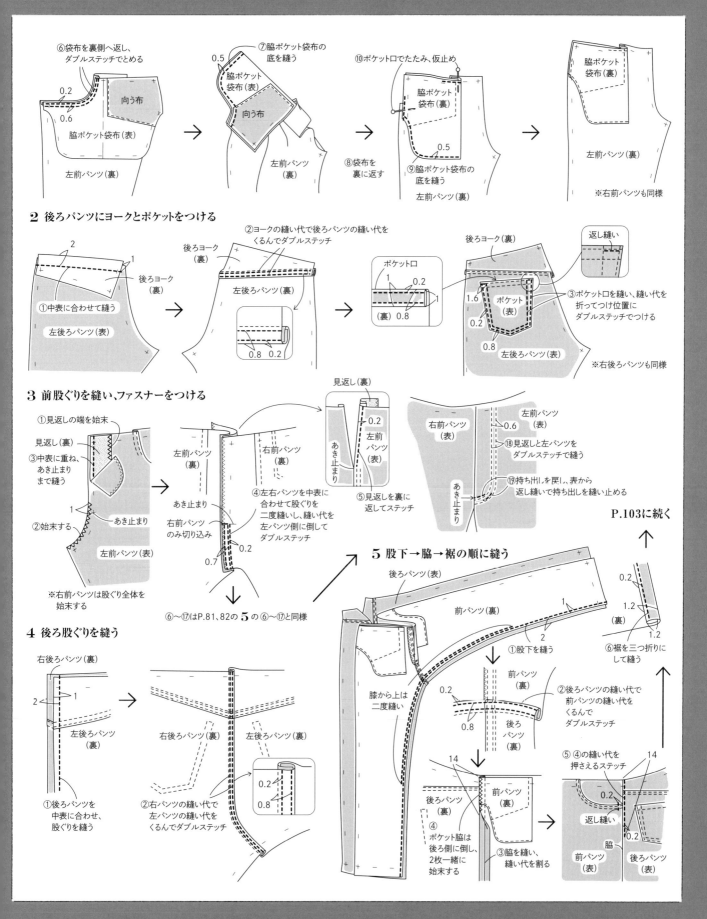

L. ウールジャケット P.32

実物大型紙（3面L）

1 前身頃、2 後ろ身頃、3 見返し、4 外袖、5 内袖、6 表衿、7 衿腰、8 裏衿、9 表腰ポケット、10 裏腰ポケット、11 内ポケット玉縁布、12 内ポケット袋布、13 背裏、14 裏外袖、15 裏内袖、16 裏ベント、17 フラップ、18 内ポケット向う布、19 胸ポケット口布、20 胸ポケット向う布、21 胸ポケット袋布

でき上がりサイズ

（左からS/M/L/LL/3L）
着丈　69/71/73/75/77cm
胸回り　98/102/106/112/118cm
裄丈　80/82/84/86/88cm

材料

［ツイード］148cm幅×220/225/230/235/245cm
［ポリエステル裏地］110cm幅×180cm　［スレキ］120cm幅×50cm
［接着芯］90cm幅×200cm　［直径2cmの本水牛ボタン］2個
［直径1.5cmの本水牛ボタン］8個
［厚さ0.7〜0.8cmの肩パッド］1組　［ゆき綿］1組
［1cm幅のハーフバイアステープ］400/410/430/440/450cm
［1.2cm幅の伸び止めテープ］55/57/60/62/64cm
＊ボタンホールは30番のミシン糸を使用します。

裁ち方図

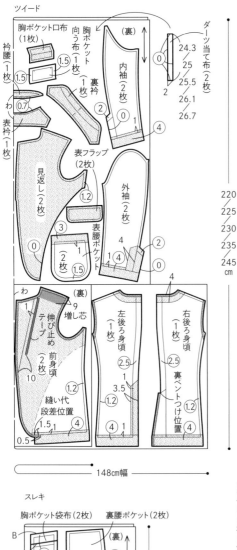

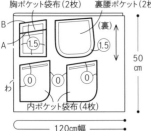

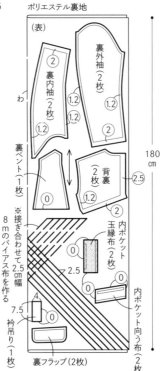

準備

前身頃、見返し、胸ポケット口布、衿腰、表衿、裏衿、表フラップ、腰ポケット口、内ポケット玉縁布、各袖口、各身頃の裾、ベント部分に接着芯を貼る（裁ち方図参照）。
前身頃の前端から袖ぐり、後ろ身頃の袖ぐりと衿ぐり、ベント端にハーフバイアステープを貼る。
ラペルの返り線に伸び止めテープ（ストレートテープ）を貼る。
バイアス布を作る。

縫い方順序

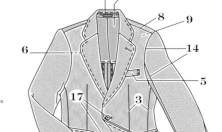

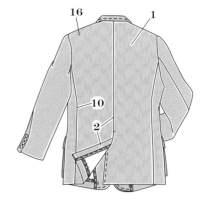

作り方はP.42〜57参照

胸ポケット袋布の裁断

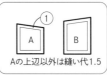

Aの上辺以外は縫い代1.5

★○の中の数字は縫い代。それ以外の縫い代は1cm
★▨は裏にハーフバイアステープを貼る
★▥は裏に伸び止めテープ（ストレートテープ）を貼る
★▧は裏に接着芯を貼る
★数字は順にS/M/L/LL/3Lサイズ

M. デニムジャケット P.34

実物大型紙（3面M）
1 前身頃、2 後ろ身頃、3 見返し、4 外袖、5 内袖、6 表衿、7 衿腰、8 裏衿、9 表腰ポケット、10 裏腰ポケット、11 内ポケット玉縁布、12 内ポケット袋布、13 胸ポケット、14 裏胸ポケット

でき上がりサイズ
（左からS/M/L/LL/3L）
着丈　69/71/73/75/77cm
胸回り　98/102/106/112/118cm
裄丈　80/82/84/86/88cm

材料
［リトアニアリネンデニム］145cm幅×230/235/240/245/255cm
［ポリエステル裏地］110cm幅×70cm
［接着芯］90cm幅×200cm
［直径2cmのボタン］2個
［直径1.5cmのボタン］6個
［1cm幅のハーフバイアステープ］230/240/250/260/270cm
［1.2cm幅の伸び止めテープ］55/57/60/62/64cm
＊ステッチとボタンホールの縫い糸は30番を使用します。

裁ち方図

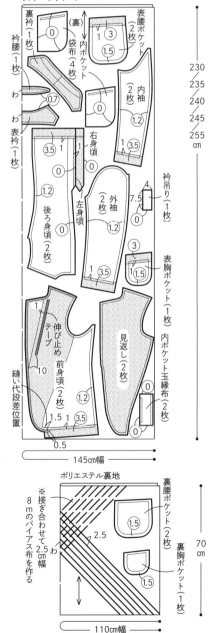

★○の中の数字は縫い代。それ以外の縫い代は1cm
★ ▨は裏にハーフバイアステープを貼る
★ ▨は裏に伸び止めテープ（ストレートテープ）を貼る
★ ▨は裏に接着芯を貼る
★数字は順にS/M/L/LL/3Lサイズ
★くせ取りはしない
★ダーツは当て布をせずに縫う
★後ろ身頃の後ろ中心は型紙にすでに縫い代が含まれている

準備
前身頃、見返し、衿腰、表衿、裏衿、各ポケット口、各袖口、各身頃の裾、ベント部分に接着芯を貼る（裁ち方図参照）。
前身頃の前端から肩にハーフバイアステープを貼る。
ラペルの返り線に伸び止めテープ（ストレートテープ）を貼る。
バイアス布を作る。

縫い方順序
※1、2、7、8のステッチ幅は下図参照

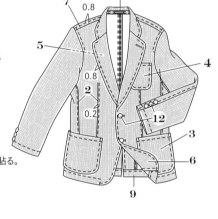

1 ベントを作りながら後ろ中心を縫う
（P.98の **9** 参照）

2〜4 の作り方はP.43〜44の 3〜6 参照
ただし 2 のときの仕上げステッチは縫い方順序の図参照
胸ポケットはパッチポケット

5 の作り方はP.46の 6 参照
ただし見返し端は二つ折りで始末する
内ポケット向う布はつかない

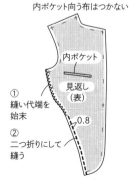

6 の作り方はP.48の 7 参照

7、8 の作り方はP.49の 8と10 参照
ただし縫い代は2枚一緒にバイアス布を三つ折りで始末して後ろ側に倒し、ステッチ

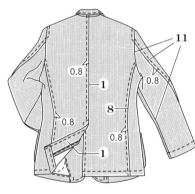

→ P.99に続く

9 裾を始末する

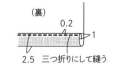

2.5 三つ折りにして縫う

10 衿を作り、つける （P.50〜52の **13** 参照）

11 袖を作り、つける （P.99）

12 ボタンホールを作り、ボタンをつける

N. ニットジャケット P.35

実物大型紙（3面N）
1 前身頃、2 後ろ身頃、3 見返し、4 外袖、5 内袖、6 表衿、7 衿腰、8 裏衿、9 表腰ポケット、10 裏腰ポケット、11 内ポケット玉縁布、12 内ポケット袋布、13 背裏

でき上がりサイズ
（左からS/M/L/LL/3L）
- 着丈　69/71/73/75/77cm
- 胸回り　98/102/106/112/118cm
- 裄丈　80/82/84/86/88cm

材料
- [ウォーム接結ニット]136cm幅×190/195/200/230/240cm
- [ポリエステル裏地]110cm幅×130cm
- [接着芯(ニット用)]90cm幅×180cm
- [直径2cmのボタン]2個　[直径0.8cmの力ボタン]2個
- [1cm幅のハーフバイアステープ]270/280/290/300/310cm
- [1.2cm幅の伸び止めテープ]55/57/60/62/64cm

＊縫い糸はニット用の糸を使用します。
＊ボタンホールは30番の糸を使用します。

裁ち方図

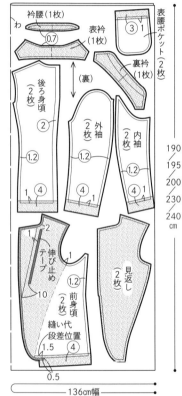

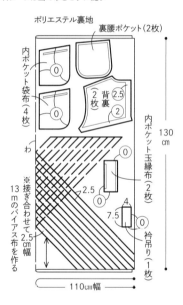

★○の中の数字は縫い代。それ以外の縫い代は1cm
★ ▨ は裏に接着芯を貼る
★ ▩ は裏にハーフバイアステープを貼る
★数字は順にS/M/L/LL/3Lサイズ
★くせ取りはしない
★ダーツは当て布をせずに縫う

縫い方順序

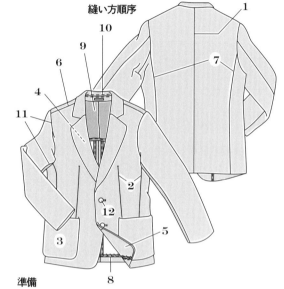

準備
前身頃、見返し、衿腰、表衿、裏衿、腰ポケット口、各袖口、各裾に接着芯を貼る（裁ち方図参照）。
前身頃の前端から袖下に1cm幅のハーフバイアステープを貼る。
ラペルの返り線に伸び止めテープ（ストレートテープ）を貼る
バイアス布を作る。前身頃の脇、後ろ身頃の後ろ中心と脇、見返しの脇、袖の切り替えの縫い代をバイアス布で始末する。

1～10の作り方はP.42～52の
2～4、6～8、10～13参照
ただし2のベントはなし、内ポケット向う布はつけない

注意：ニットジャケットはソフトに仕上げるため、仕上げステッチはしません。
縫い方順序の図を参照してください。

11 袖を作り、つける

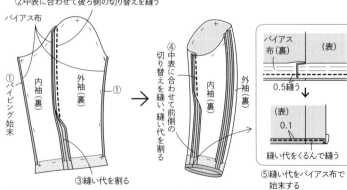

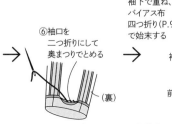

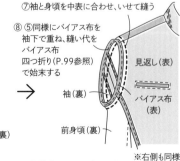

12 ボタンホールを作り、ボタンをつける
※裏に力ボタンをつける

O. ダッフルコート P.36

実物大型紙（4面O）

1 前身頃、2 後ろ身頃、3 前見返し、4 肩ヨーク、5 外袖、6 内袖、7 フード、8 フード天井布、9 フード見返し、10 フードタブ、11 フラップ、12 表ポケット、13 裏ポケット、14 袖口タブ、15 ポケット口力布、16 飾りステッチ用案内線

でき上がりサイズ

（左からS/M/L/LL/3L）
着丈　70.5/72.5/74.5/76.5/78.5cm
胸回り　108/112/116/122/128cm
裄丈　82/84/86/88/90cm

材料

[ウールメルトン（キャメル）]148cm幅×210/215/220/225/270cm
[ブロード（茶色）]110cm幅×110cm
[接着芯]50×90cm
[0.7cm幅の革テープ（茶色）]160cm
[直径5.5cmのトグルボタン]4個
[直径2cmのボタン]4個　[直径1.5cmのボタン]3個
[1cm幅のハーフバイアステープ]300cm

＊ステッチ糸とボタンホールは上糸のみ30番の糸を使用します。

裁ち方図

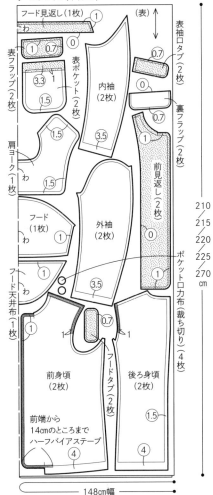

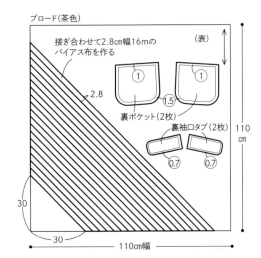

★○の中の数字は縫い代。それ以外の縫い代は1.2cm
★▨は裏に接着芯を貼る
★▨は裏にハーフバイアステープを貼る
★数字は順にS/M/L/LL/3Lサイズ

縫い方順序

準備　前見返し、フード見返し、ポケット口、表フラップ表、袖口タブ、フードタブ（表のみ）に接着芯を貼る（裁ち方図参照）。
前身頃の前端と肩と袖ぐり、後ろ身頃の袖ぐりにハーフバイアステープを貼る。

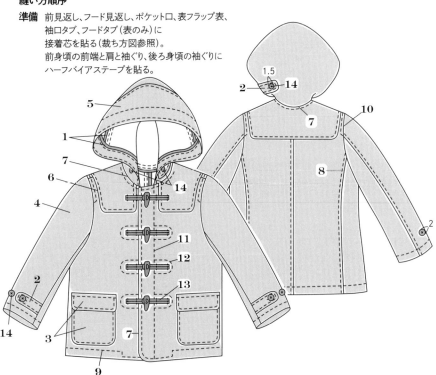

1 縫い代をパイピング始末する

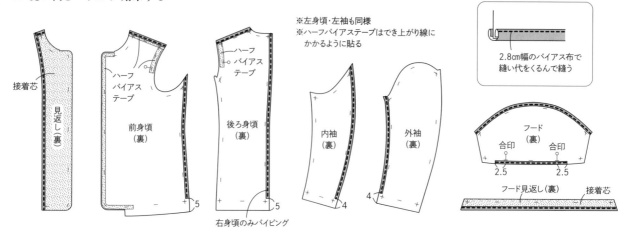

2 フードタブ・袖口タブを作る

3 ポケットとフラップを作り、つける

4 袖を作る

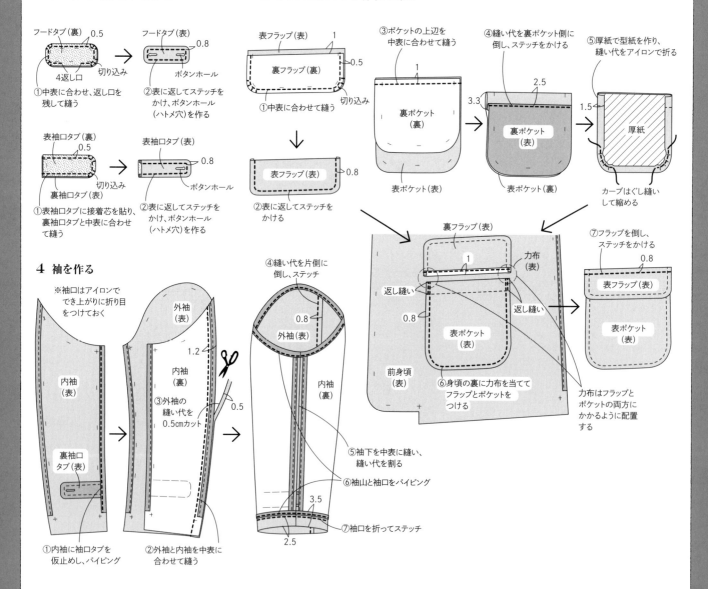

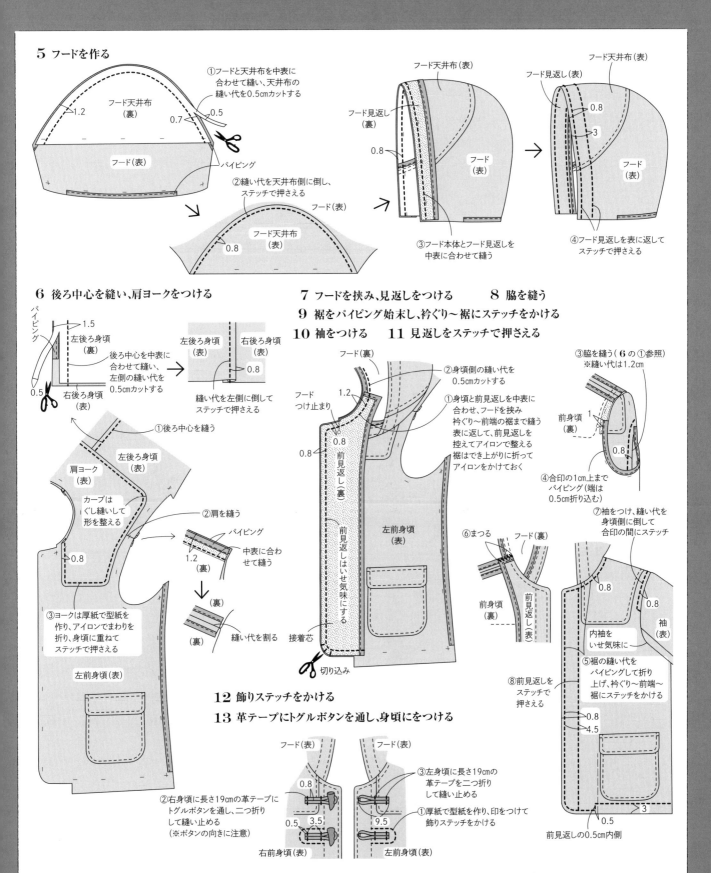

P.MA-1型ブルゾン P.38

実物大型紙（5面P）

1 前身頃、2 後ろ身頃、3 持ち出し、4 外袖、5 内袖、6 衿リブ、7 裏前身頃、8 裏後ろ身頃、9 裏外袖、10 裏内袖、11 袋布、12 向う布、13 玉縁布、14 メンコ、15 袖ポケット土台、16 上側袖ポケット、17 下側袖ポケット

でき上がりサイズ
（左から S/M/L/LL/3L）
着丈　　64/66/68/70/72cm
胸回り　107/111/115/121/127cm
裄丈　　84.5/86.5/88.5/90.5/92.5cm

材料

［ナイロン地（カーキ）］125cm幅×170/175/180/185/195cm
［ポリエステル地（オレンジ色）］122cm幅×170/175/180/185/195cm
［フライスニット（カーキ）］80cm幅×50cm
［薄手ドミット芯］160cm幅×150cm　［接着芯］適宜
［オープンファスナー］54/56/58/60/62cmを1本
［ファスナー］12cmを1本
［直径1.5cmのドットボタン］2組　［フェルト］適宜

＊表地のステッチ糸は上糸のみ30番の糸を使用します。

裁ち方図

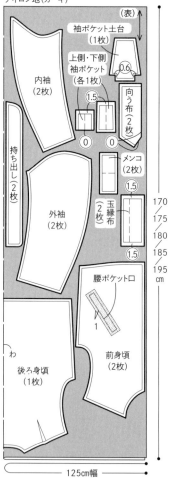
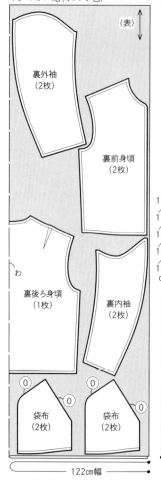
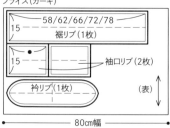

★◯の中の数字は縫い代。それ以外の縫い代は1cm
★▨は裏に接着芯を貼る
★裏布の袋布以外のパーツ・玉縁布・持ち出しにはドミット芯を重ねる
★数字は順にS/M/L/LL/3Lサイズ
★持ち出しは、型紙に縫い縮み分が含まれている

●=15.4/16/16.6/17.6/18.6cm

縫い方順序

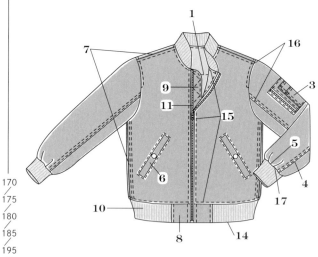
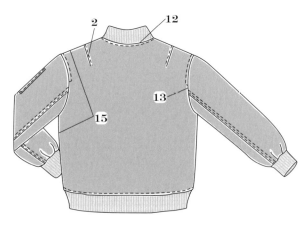

準備　前身頃のポケット口に接着芯を貼る（裁ち方図参照）

1 ドミット芯を重ね、ステッチで押さえる

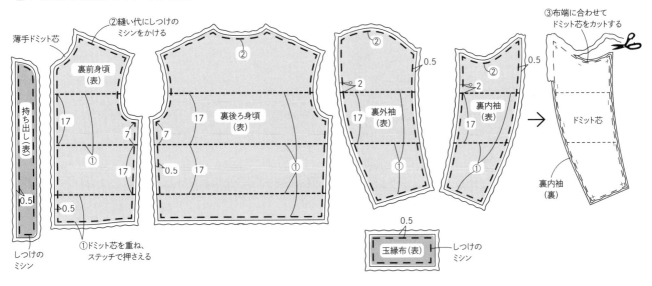

2 表・裏後ろ身頃のダーツをそれぞれ縫う

3 袖ポケットを作り、つける
4 表袖と裏袖をそれぞれ縫い合わせる
（表袖はステッチで押さえ、裏布は返し口を縫い残す）
5 表袖に袖口リブをつける

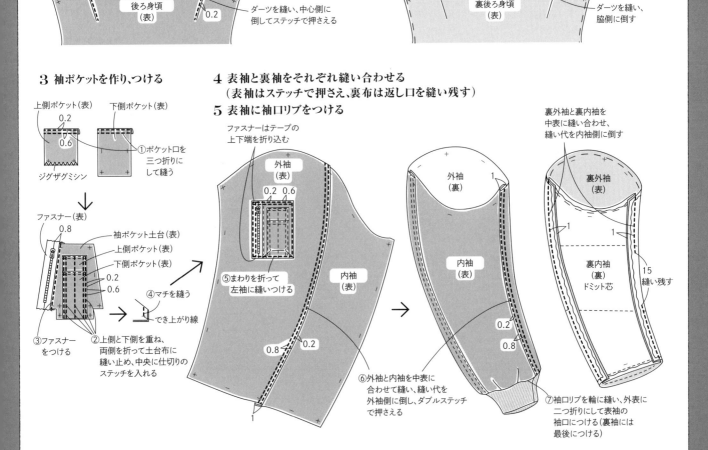

6 前身頃に玉縁ポケットを作る

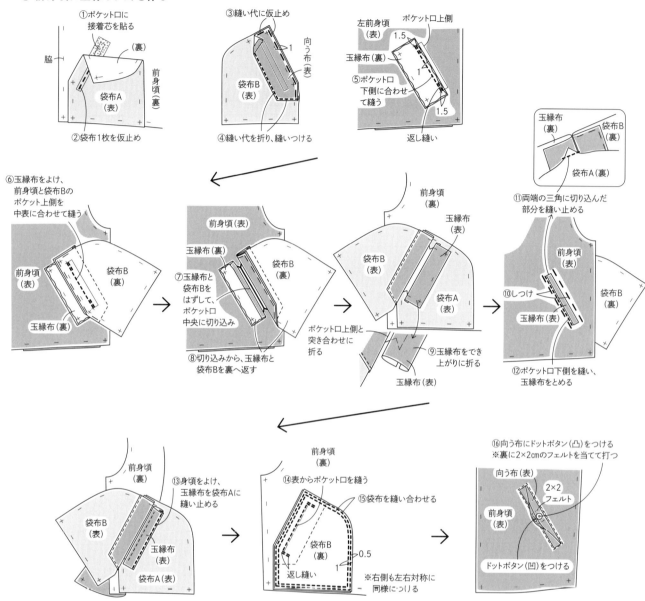

7 前・後ろ身頃の脇と肩をそれぞれ縫い合わせる

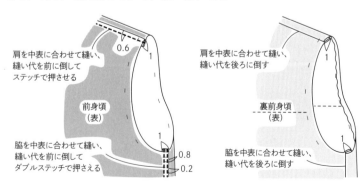

8 裾リブとメンコを縫い合わせる

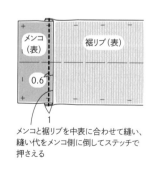

9 持ち出しを作る

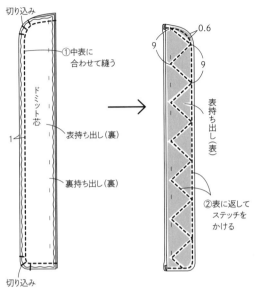

10 裾リブを縫う

11 ファスナーをつける

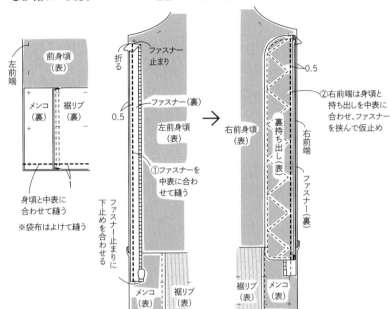

12 表身頃の衿ぐりに衿リブをしつけでとめる

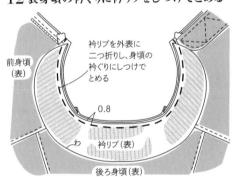

13 袖を身頃につける

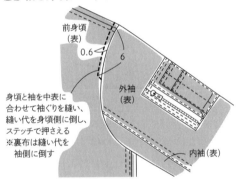

14 裾リブと裏身頃を縫い合わせる

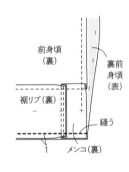

15 表身頃と裏身頃を中表に合わせ、衿ぐり〜前端〜裾を縫い、表に返してステッチをかける

16 肩先・袖下を中とじする

17 返し口から袖口の表布と裏布を中表に合わせ、袖口リブを挟んで縫う

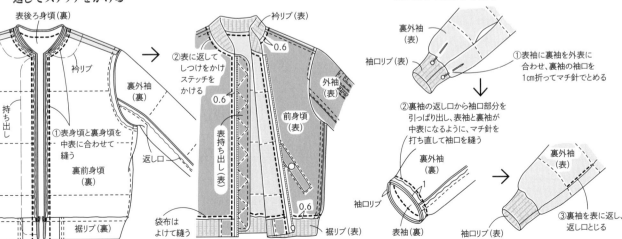

Q. ステンカラーコート P.40

実物大型紙（6面Q）

1 前身頃、2 後ろ身頃、3 見返し、4 外袖、5 内袖、6 表衿、7 裏衿、8 表衿腰、9 裏衿腰、10 背裏、11 裏外袖、12 裏内袖、13 腰ポケット口布、14 腰ポケット袋布、15 内ポケット玉縁布、16 内ポケット袋布、17 衿タブ、18 袖口タブ

でき上がりサイズ

（左からS/M/L/LL/3L）
着丈　84/86/88/90/92cm
胸回り　102/106/110/116/122cm
裄丈　82/84/86/88/90cm

材料

[40/2ギャバ（紺色）] 148cm幅×250/255/260/290/290cm
[ポリエステル裏地（紺色）] 112cm幅×150/150/150/160/160cm
[接着芯] 90cm幅×220cm
[直径2.3cmのボタン] 4個　[直径2cmのボタン] 5個
[直径1.5cmのボタン] 3個
[1cm幅のハーフバイアステープ] 360/370/380/390/400cm
＊ボタンホールの縫い糸は30番を使用します。
＊ボタンホールはすべてハトメ穴。

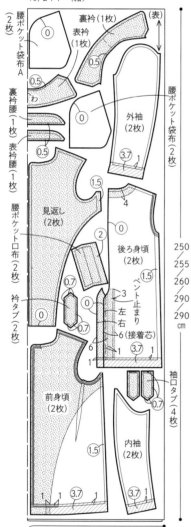

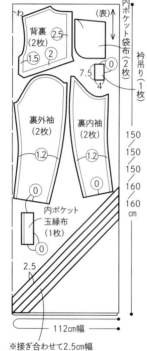

縫い方順序

準備

見返し、前身頃、後ろ身頃のベントあきと衿ぐり、衿、衿腰、衿タブ、腰ポケット口布、袖口タブに接着芯。前・後ろ身頃の裾と袖口にバイアスの接着芯を貼る（裁ち方図参照）。前身頃の前端と肩と袖ぐり、後ろ身頃の袖ぐりはハーフバイアステープを縫い目にかかるように貼る。

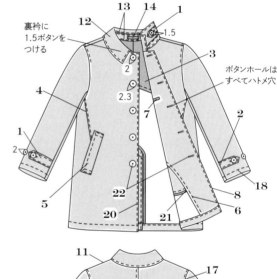

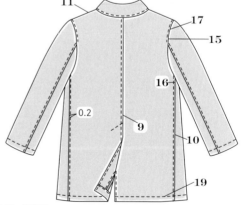

〈縫い代のパイピング始末〉

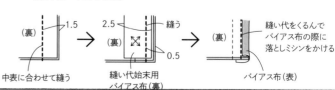

1 袖口タブと衿タブを作る
※布の厚み分があるので縫い代は0.7で0.5の位置を縫う

2 袖口タブを挟んで外袖・内袖を縫い合わせる

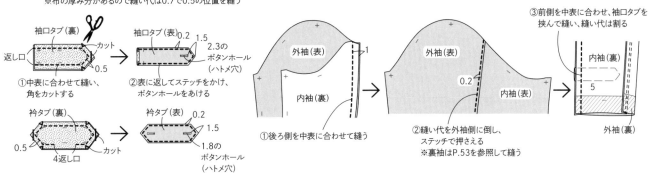

3 背裏を作る (P.50の12参照)
4 ダーツを縫う

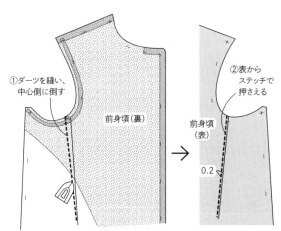

5 腰ポケットを作る

6 見返し端を始末する
7 見返しに片玉縁ポケットを作る
※左見返しのみ

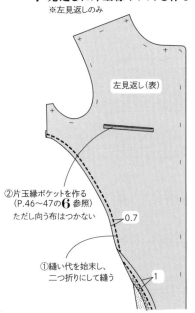

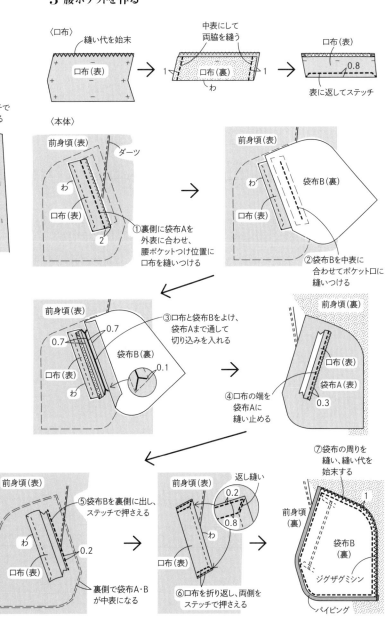

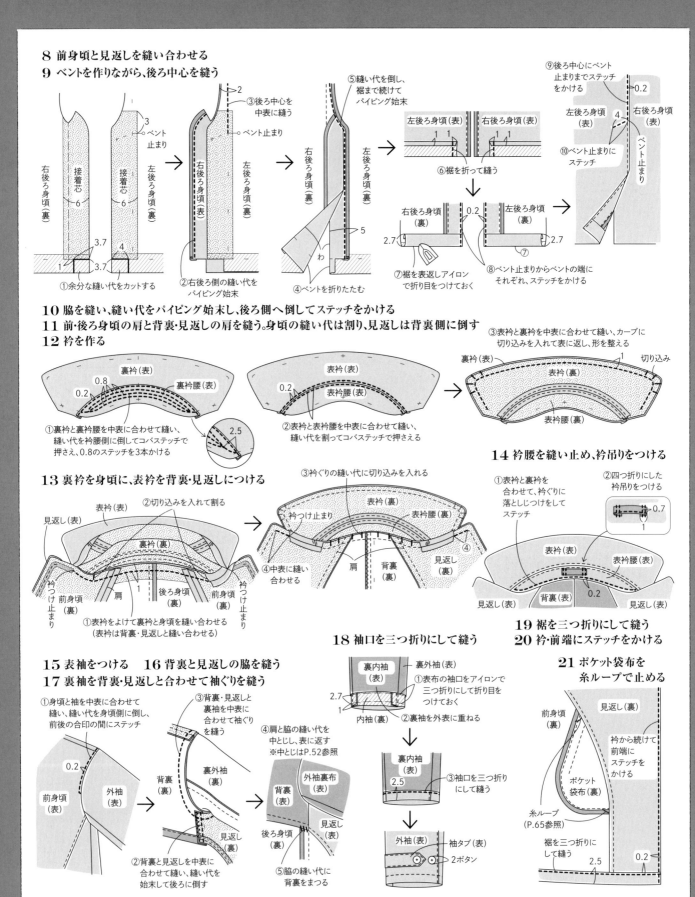

R.ネクタイ P.60

実物大型紙（2面R）

1 大剣、2 小剣、3 中接ぎ、4 裏大剣、5 裏小剣、6 ネクタイ芯A、7 ネクタイ芯B

でき上がりサイズ

長さ　144cm

材料

［ローン（リバティプリント）／リネン（紺色）］110cm幅×70cm
［ポリエステル裏地］20×30cm
［ウールのネクタイ芯（大剣幅8cm以上）］1本分
［1.5cm幅のテープ］6.5cm

裁ち方図

ローン（リバティプリント）／リネン

中接ぎ（1枚）
小剣（1枚）
大剣（1枚）

110cm幅　70cm

ポリエステル裏地

裏大剣（1枚）
裏小剣（1枚）

20cm　30cm

★○の中の数字は縫い代。それ以外の縫い代は1cm
★型紙にはすでに縫い代が含まれています
★ネクタイ芯は2枚を接いでから、型紙を合わせてカットする

縫い方順序

1 裁断し、準備する

作り方はP.60〜61 参照

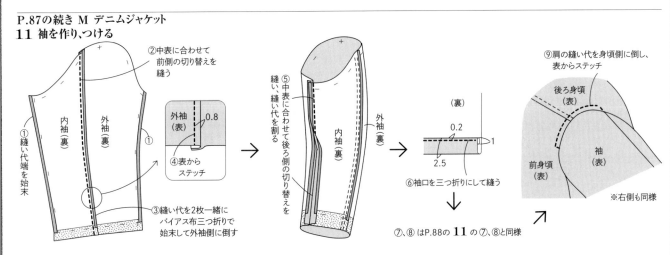

P.87の続き M デニムジャケット
11 袖を作り、つける

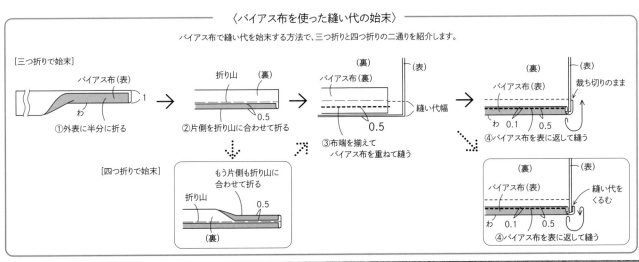

〈バイアス布を使った縫い代の始末〉

バイアス布で縫い代を始末する方法で、三つ折りと四つ折りの二通りを紹介します。

S.トートバッグ P.58

でき上がりサイズ
幅　48cm
高さ　30cm
マチ　15cm

材料
[8号帆布バイオウォッシュ(サンドベージュ)／10号帆布パラフィン加工(生成り)] 90cm幅×85cm
[8号帆布バイオウォッシュ(深緑)／10号帆布パラフィン加工(紺色)] 90cm幅×90cm
[2cm幅の杉綾テープ] 125cm
＊縫い糸は30番の糸を使用します。

裁ち方図と寸法

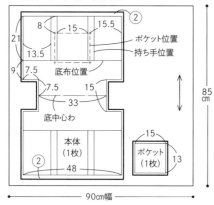

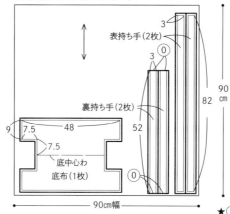

準備 表持ち手、裏持ち手、底布の上端をアイロンででき上がりに折る。

縫い方順序

★○の中の数字は縫い代。それ以外の縫い代は1cm

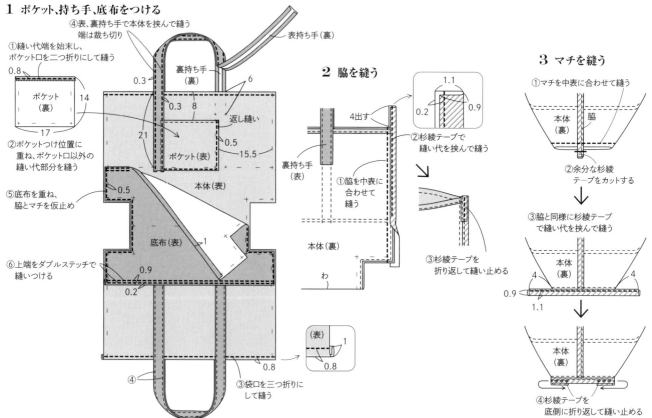

T. ワークエプロン P.59

実物大型紙（5面T）
1 本体

でき上がりサイズ
（フリーサイズ）
着丈 69cm
幅 72cm

材料
［コットンツイル（モカブラウン）］110cm幅×80cm
［接着芯］30×50cm
［2cm幅の杉綾テープ］270cm
［内径1cmのハトメ］4個
［直径1cmのコットンひも］200cm（首用72cm、腰用128cm）
＊ステッチ糸は上糸のみ30番を使用します。

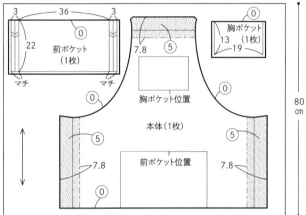

★○の中の数字は縫い代。それ以外の縫い代は1cm
★▨は裏に接着芯を貼る

縫い方順序

準備 胸当ての上側と両脇に接着芯を貼る（裁ち方図参照）。

1 胸当ての上側と脇を始末する

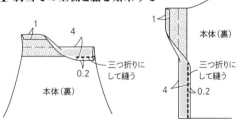

2 ポケット口と袖ぐりを始末する

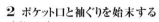

3 ポケットをつけ、裾の始末をする

4 ハトメをつけ、ひもを通す

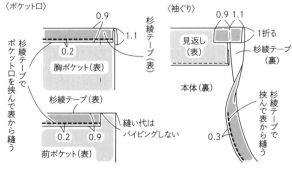

U. ニットトランクス P.59

実物大型紙（3面U）
1 前パンツ、2 後ろパンツ

でき上がりサイズ
（左からS/M/L/LL/3L）
ウエスト 67/71/75/79/83cm
ヒップ 92/96/110/114/118cm
総脇丈 36.5/37/37.5/38/38.5cm

材料
[60s天竺ニット] 140cm幅×90cm
[3.5cm幅のゴムテープ] 69/73/77/81/83cm
[直径1.15cmのボタン] 1個
＊縫い糸はニット用の糸を使用します。

裁ち方図

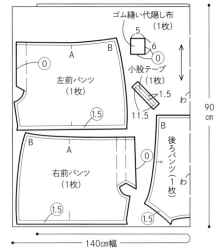

★○の中の数字は縫い代。それ以外の縫い代は1cm
★数字は順にS/M/L/LL/3Lサイズ

縫い方順序

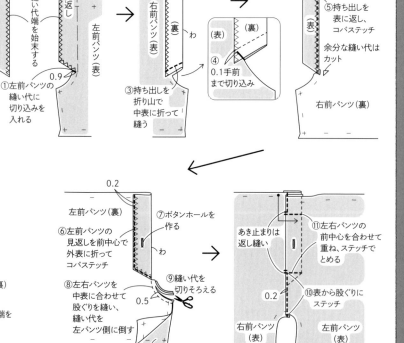

1 前あきを作り、前股上を縫う

2 B→股下→裾の順に縫う

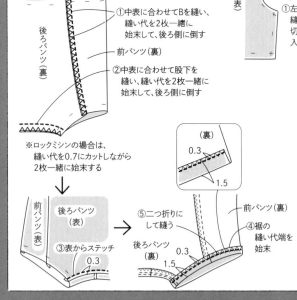

3 前股ぐりの縫い代を始末する

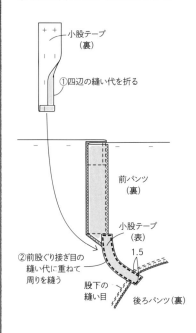

4 ウエストにゴムテープをつける

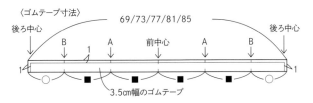

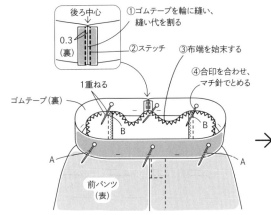

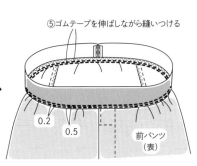

5 ゴム縫い代隠し布をつける

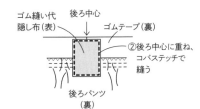

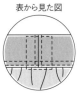

P.85の続き J ジーンズ

6 ウエストベルトをつける
（P.82の 6 参照）

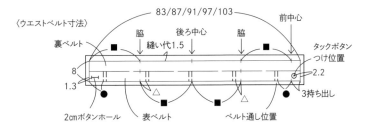

7 ベルト通しを作り、つける

8 ボタンホールを作り、ボタンをつける

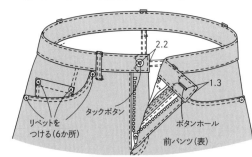

著者
金子俊雄

Staff
カメラマン ── 白井由香里（口絵）
　　　　　　　森谷則秋・森村友紀（プロセス・切り抜き）
デザイン ──── 藤田康平＋古川唯衣（Barber）
モデル ───── アルノ・L（身長176cm、Lサイズ着用）
スタイリング ── 田中まき子
ヘアメイク ─── Aki
作り方解説 ─── しかのるーむ、吉田晶子
型紙グレーディング ─ 有限会社セリオ
型紙レイアウト ─ 八文字則子
編集協力 ──── 金子エミ子、徳田なおみ
　　　　　　　野沢恵里佳、岡本伊代
編集担当 ──── 加藤みゆ紀

［撮影協力］
AWABEES
東京都渋谷区千駄ケ谷3-50-11 明星ビルディング5F
TEL 03-5786-1600

パタンナー金子俊雄の
本格メンズ服

発行日　2016年12月17日　第1刷
　　　　2025年 2月20日　第9刷
発行人　瀬戸信昭
編集人　今 ひろ子
発行所　株式会社日本ヴォーグ社
　　　　〒164-8705 東京都中野区弥生町5-6-11
　　　　TEL 03-3383-0644（編集）
出版受注センター　TEL 03-3383-0650
　　　　　　　　　FAX 03-3383-0680
印刷所　大日本印刷株式会社

Printed in Japan © Toshio Kaneko 2016
NV70394 ISBN978-4-529-05639-7

● 本書の複製権・翻訳権・上映権・譲渡権・公衆送信権（送信可能化権を含む）は株式会社日本ヴォーグ社が保有します。

● JCOPY〈(社)出版者著作権管理機構 委託出版物〉
本書の無断複写は著作権法上での例外を除き禁じられています。複写される場合は、そのつど事前に、(社)出版者著作権管理機構（電話 03-5244-5088、FAX 03-5244-5089、e-mail: info@jcopy.or.jp）の許諾を得てください。

● 万一、乱丁本、落丁本がありましたらお取り替えいたします。お買い求めの書店か小社出版受注センターへお申し出下さい。

［素材協力］
〈布〉
・大塚屋
　愛知県名古屋市東区葵3-1-24　TEL 052-935-4531
　http://otsukaya.co.jp
・オカダヤ新宿本店
　東京都新宿区新宿3-23-17　TEL 03-3352-5411
　http://www.okadaya-shop.jp/1/（オンラインショップ）
・cotton roll
　http://cottonroll.ocnk.net/
・高橋商店
　http://takahashi-syouten.net
・布地のお店ソールパーノ
　http://www.rakuten.co.jp/solpano/
・布の通販　リデ
　http://www.lidee.net/
・ねこの隠れ家
　http://www.tiara-cat.co.jp/
・fabric bird
　http://www.fabricbird.com
・メルシー
　奈良県大和郡山市冠山町7-35　TEL 0743-53-681
　http://www.merci-fabric.co.jp/
・山冨商店
　大阪府大阪市中央区船場中央2-1-4-206 船場センタービル4号館2階北通り
　TEL 06-6261-3211　http://yamatomi.biz/
〈副資材〉
・YKK（株）ファスニング事業本部 ジャパンカンパニー
　東京都台東区台東1-31-7 PMO秋葉原北
　http://www.ykkfastening.com/japan/
・渡邊布帛
　大阪府大阪市天王寺区上本町8-3-26　TEL 06-6772-1551
・ティーエージー
　http://tag0424.ocnk.net/
・リベックス
　石川県小松市島町チ16　TEL 0761-43-0888
　http://www.ribex.co.jp/
〈用具〉
・クロバー
　大阪府大阪市東成区中道3丁目15番5号　TEL 06(6978)2277（お客様係）
　http://www.clover.co.jp/

We are grateful.
あなたに感謝しております

手作りの大好きなあなたが、この本をお選びくださいましてありがとうございます。内容はいかがでしたか？　本書が少しでもお役に立てば、こんなにうれしいことはありません。日本ヴォーグ社では、手作りを愛する方とのおつき合いを大切にし、ご要望におこたえする商品、サービスの実現を常に目標としています。小社及び出版物について、何かお気付きの点やご意見がございましたら、何なりとお申し付けください。そういうあなたに、私共は常に感謝しております。

株式会社日本ヴォーグ社社長　瀬戸信昭
FAX 03-3383-0602

日本ヴォーグ社関連情報はこちら
（出版、通信販売、通信講座、スクール・レッスン）

https://www.tezukuritown.com/　［手づくりタウン］［検索］